Frugalismus für Fortgeschrittene

Eine neue Art des Denkens und Lebens

I0489924

Die Grundlagen des Frugalismus verstehen

Frugalismus ist ein Konzept, das auf der Idee basiert, dass man durch das Reduzieren von Ausgaben und den Verzicht auf übermäßigen Konsum ein glücklicheres und erfüllteres Leben führen kann. Es handelt sich dabei um eine Lebensweise, die auf Achtsamkeit und Vernunft ausgerichtet ist, und die Menschen dazu ermutigt, bewusster zu leben und ihre Ressourcen zu schonen.

Die Grundlagen des Frugalismus umfassen verschiedene Aspekte, die in diesem Kapitel detailliert erläutert werden sollen. Dazu gehören die Definition von Frugalismus, seine Geschichte, seine Ziele, und wie man eine frugale Lebensweise praktizieren kann.

Definition von Frugalismus

Frugalismus ist ein Lebensstil, der auf der Idee basiert, dass man durch das Reduzieren von Ausgaben und den Verzicht auf übermäßigen Konsum ein glücklicheres und erfüllteres Leben führen kann. Es handelt sich dabei um eine Alternative zum Materialismus und Konsumismus, die in der modernen Gesellschaft oft als Standard gelten. Frugalisten versuchen, bewusster und sparsamer zu leben, um ihre Lebensqualität zu verbessern und ihre finanzielle Freiheit zu erreichen.

Geschichte des Frugalismus

Die Idee des Frugalismus hat eine lange Geschichte, die bis ins antike Griechenland zurückreicht. Der Philosoph

Epikur prägte den Begriff "ataraxia", der die Abwesenheit von Sorgen und Ängsten beschrieb, die durch den Verzicht auf übermäßigen Konsum erreicht werden kann. Im 18. Jahrhundert war Benjamin Franklin ein bekannter Vertreter des Frugalismus. Er betonte die Wichtigkeit, seine Finanzen im Griff zu haben und mit Bedacht zu sparen.

In der heutigen Zeit hat der Frugalismus vor allem durch die Verbreitung des Internets an Popularität gewonnen. Frugalisten teilen ihre Erfahrungen und Tipps in Online-Foren und Blogs, um anderen zu helfen, ihre Finanzen zu verbessern und ihre Ziele zu erreichen.

Ziele des Frugalismus

Die Ziele des Frugalismus sind vielfältig. Einer der wichtigsten Aspekte ist die finanzielle Freiheit. Durch das Reduzieren von Ausgaben und den Aufbau von Vermögen können Frugalisten ihre finanzielle Unabhängigkeit erreichen und sich mehr Freiheit bei der Wahl ihrer Arbeit und Lebensweise ermöglichen.

Ein weiteres Ziel des Frugalismus ist die Nachhaltigkeit. Durch den Verzicht auf übermäßigen Konsum und die Reduzierung von Abfall können Frugalisten einen positiven Einfluss auf die Umwelt haben und dazu beitragen, eine nachhaltige Zukunft zu schaffen.

Darüber hinaus kann der Frugalismus auch dazu beitragen, ein erfüllteres Leben zu führen. Durch den Verzicht auf unnötige Ausgaben und den Fokus auf die Dinge, die wirklich wichtig sind, können Frugalisten ihre Zeit und Energie auf die Dinge konzentrieren, die ihnen wirklich am Herzen liegen.

Praktizieren des Frugalismus

Die praktische Umsetzung des Frugalismus umfasst eine Reihe von Schritten, die Menschen ergreifen können, um ihre Ausgaben zu reduzieren und ihre finanzielle Freiheit zu erreichen. Dazu gehören:

1. Budgetierung: Das Erstellen eines Budgets ist der erste Schritt zum Frugalismus. Sie sollten Ihre Einnahmen und Ausgaben aufschreiben und sicherstellen, dass Sie jeden Monat weniger ausgeben als Sie verdienen. Sie können auch festlegen, wie viel Geld Sie für verschiedene Ausgabenkategorien ausgeben möchten, wie beispielsweise Lebensmittel, Miete und Freizeit.
2. Verzicht auf unnötige Ausgaben: Eine der wichtigsten Praktiken des Frugalismus ist es, unnötige Ausgaben zu vermeiden. Sie können beispielsweise darauf achten, seltener in Restaurants zu essen, unnötige Abonnements zu kündigen oder billige Alternativen für Markenprodukte zu finden.
3. Sparen: Durch das Sparen von Geld können Sie Vermögen aufbauen und finanzielle Freiheit erreichen. Sie können beispielsweise ein Sparkonto eröffnen oder in Investmentfonds investieren.
4. Vermeidung von Schulden: Schulden können den Frugalismus konterkarieren. Sie sollten darauf achten, Schulden zu vermeiden oder vorhandene Schulden so schnell wie möglich abzuzahlen, um Zinsen und Gebühren zu sparen.
5. Nachhaltigkeit: Ein weiterer wichtiger Aspekt des Frugalismus ist die Nachhaltigkeit. Sie können beispielsweise darauf achten, weniger Energie

und Wasser zu verbrauchen oder Lebensmittelverschwendung zu reduzieren.

6. Konsumverhalten: Durch ein bewusstes Konsumverhalten können Sie vermeiden, in unnötige Ausgabenfallen zu tappen. Sie können beispielsweise vor dem Kauf von Produkten recherchieren oder auf Gebrauchtwaren zurückgreifen.

Fazit

Der Frugalismus ist ein Lebensstil, der auf der Idee basiert, dass man durch das Reduzieren von Ausgaben und den Verzicht auf übermäßigen Konsum ein glücklicheres und erfüllteres Leben führen kann. Die Grundlagen des Frugalismus umfassen die Definition von Frugalismus, seine Geschichte, seine Ziele und die praktische Umsetzung des Frugalismus. Durch das praktische Umsetzen von Frugalismus können Menschen ihre Finanzen verbessern, ihre Zeit und Energie auf die Dinge konzentrieren, die ihnen wirklich am Herzen liegen und eine nachhaltige Zukunft schaffen.

Minimalismus und Frugalismus: Unterschiede und Ähnlichkeiten

Minimalismus und Frugalismus sind zwei Lebensstile, die oft in Zusammenhang gebracht werden. Sie teilen viele Gemeinsamkeiten, aber es gibt auch wichtige Unterschiede zwischen beiden Konzepten. In diesem Kapitel werden die Unterschiede und Gemeinsamkeiten zwischen Minimalismus und Frugalismus erläutert.

Minimalismus

Minimalismus ist ein Lebensstil, der sich auf das Wesentliche konzentriert. Es geht darum, sich auf die Dinge zu konzentrieren, die wirklich wichtig sind, und unnötige Ablenkungen und Belastungen zu vermeiden. Minimalisten versuchen, ihr Leben auf das zu reduzieren, was sie wirklich brauchen, um glücklich und erfüllt zu sein. Das bedeutet oft, sich von überflüssigem Besitz und unnötigem Konsum zu befreien.

Frugalismus

Frugalismus ist ein Lebensstil, der sich darauf konzentriert, weniger auszugeben, um mehr finanzielle Freiheit und Unabhängigkeit zu erreichen. Es geht darum, bewusst zu leben, Ausgaben zu reduzieren und Vermögen aufzubauen. Frugalisten versuchen, ihren Konsum auf das zu beschränken, was wirklich notwendig ist, um ihr Leben zu führen und sich auf die Dinge zu konzentrieren, die ihnen wichtig sind.

Unterschiede zwischen Minimalismus und Frugalismus

Die Hauptunterschiede zwischen Minimalismus und Frugalismus liegen in den Zielen und Schwerpunkten der beiden Konzepte. Während Minimalismus sich darauf konzentriert, Besitz zu reduzieren und sich auf das Wesentliche zu konzentrieren, konzentriert sich Frugalismus auf das Reduzieren von Ausgaben und das Sparen von Geld.

Ein weiterer wichtiger Unterschied ist, dass Minimalismus oft auf ästhetische Überlegungen abzielt, während Frugalismus sich auf finanzielle Überlegungen konzentriert. Minimalisten möchten ihr Leben auf das Wesentliche reduzieren, um eine einfache und elegante Lebensweise zu erreichen, während Frugalisten ihr Leben auf das Wesentliche reduzieren, um finanzielle Freiheit und Unabhängigkeit zu erreichen.

Gemeinsamkeiten zwischen Minimalismus und Frugalismus

Obwohl Minimalismus und Frugalismus unterschiedliche Ziele haben, gibt es viele Gemeinsamkeiten zwischen beiden Konzepten. Beide betonen die Wichtigkeit von Achtsamkeit, Vernunft und Bewusstsein im täglichen Leben. Es geht darum, sich auf das Wesentliche zu konzentrieren und unnötige Ablenkungen und Belastungen zu vermeiden.

Beide Konzepte betonen auch die Wichtigkeit von Nachhaltigkeit und Umweltbewusstsein. Durch den Verzicht auf übermäßigen Konsum und die Reduzierung von Abfall können sowohl Minimalisten als auch Frugalisten einen positiven Einfluss auf die Umwelt haben und dazu beitragen, eine nachhaltige Zukunft zu schaffen.

Ein weiterer wichtiger Aspekt, den beide Konzepte teilen, ist die Wichtigkeit von Zeit und Freiheit. Durch das Reduzieren von Ausgaben und Besitz können sowohl Minimalisten als auch Frugalisten mehr Zeit und Freiheit gewinnen, um sich auf die Dinge zu konzentrieren, die wirklich wichtig sind. Es geht darum, ein erfülltes Leben zu führen, ohne in übermäßigen Konsumzwängen gefangen zu sein.

Schließlich betonen sowohl Minimalismus als auch Frugalismus die Bedeutung von Entscheidungen und Prioritäten im Leben. Durch bewusste Entscheidungen und klare Prioritäten können Menschen ein Leben führen, das auf ihren Werten und Überzeugungen basiert und das ihnen Glück und Erfüllung bringt.

Fazit

Obwohl Minimalismus und Frugalismus unterschiedliche Ziele und Schwerpunkte haben, teilen sie viele Gemeinsamkeiten. Beide betonen die Wichtigkeit von Achtsamkeit, Vernunft und Bewusstsein im täglichen Leben, Nachhaltigkeit und Umweltbewusstsein sowie die Bedeutung von Zeit und Freiheit. Sie fordern uns auf, bewusste Entscheidungen zu treffen und klare Prioritäten im Leben zu setzen, um ein erfülltes Leben zu führen.

Warum Finanzen und Glück nicht unbedingt korrelieren

Es gibt eine weit verbreitete Vorstellung, dass Geld und Glück miteinander korrelieren. Viele Menschen glauben, dass sie glücklicher wären, wenn sie mehr Geld hätten. Aber die Realität ist komplizierter. Es gibt viele Faktoren, die das Glück beeinflussen, und Geld ist nur einer von ihnen. In diesem Kapitel werden wir erörtern, warum Finanzen und Glück nicht unbedingt korrelieren.

Geld und Glück

Es ist wahr, dass Geld einen gewissen Einfluss auf das Glück haben kann. Es gibt viele Studien, die zeigen, dass Menschen, die ein höheres Einkommen haben, tendenziell glücklicher sind als Menschen mit niedrigerem Einkommen. Dieser Zusammenhang gilt jedoch nur bis zu einem bestimmten Punkt. Sobald ein bestimmtes Einkommensniveau erreicht ist, korreliert zusätzliches Geld nicht mehr mit zusätzlichem Glück.

Die Gründe dafür sind komplex. Einer der Gründe ist, dass das Glück oft von anderen Faktoren abhängt, wie Beziehungen, Gesundheit und Sinnhaftigkeit im Leben. Geld kann diese Dinge nicht direkt beeinflussen. Außerdem kann Geld dazu führen, dass Menschen übermäßigen Konsum betreiben oder sich in eine Spirale des Vergleichs und der Unzufriedenheit begeben, was das Glück langfristig negativ beeinflussen kann.

Faktoren, die das Glück beeinflussen

Es gibt viele Faktoren, die das Glück beeinflussen. Zu diesen Faktoren gehören:

1. Beziehungen: Beziehungen sind einer der wichtigsten Faktoren für das Glück. Menschen, die glückliche und erfüllte Beziehungen haben, sind tendenziell glücklicher als Menschen, die einsam oder unglücklich in Beziehungen sind.
2. Gesundheit: Die körperliche und geistige Gesundheit hat einen großen Einfluss auf das Glück. Menschen, die gesund sind, fühlen sich tendenziell glücklicher und zufriedener als Menschen, die mit gesundheitlichen Problemen kämpfen.
3. Sinnhaftigkeit im Leben: Menschen, die ein Gefühl von Sinnhaftigkeit in ihrem Leben haben, sind tendenziell glücklicher und zufriedener. Das kann bedeuten, dass man eine erfüllende Arbeit hat, einer Gemeinschaft angehört oder ein Hobby hat, das einem Freude bereitet.
4. Persönlichkeit: Die Persönlichkeit spielt auch eine Rolle beim Glück. Menschen, die optimistisch, extrovertiert und emotional stabil sind, sind tendenziell glücklicher als Menschen, die pessimistisch, introvertiert und emotional instabil sind.
5. Spiritualität: Die Spiritualität kann auch einen Einfluss auf das Glück haben. Menschen, die spirituell sind und eine Verbindung zu etwas Größerem haben, sind tendenziell glücklicher und zufriedener als Menschen, die diese Verbindung nicht haben.

Fazit

Insgesamt gibt es viele Faktoren, die das Glück beeinflussen, und Geld ist nur einer von ihnen. Während ein gewisses Einkommen notwendig sein kann, um die Grundbedürfnisse zu erfüllen, korreliert zusätzliches Geld nicht zwangsläufig mit zusätzlichem Glück. Das Glück hängt von vielen anderen Faktoren ab, wie Beziehungen, Gesundheit, Sinnhaftigkeit im Leben, Persönlichkeit und Spiritualität.

Die Rolle von Konsumgütern in unserem Leben und wie wir sie reduzieren können

Konsumgüter sind ein wichtiger Teil unseres modernen Lebens. Wir konsumieren Produkte und Dienstleistungen jeden Tag, um unsere Bedürfnisse und Wünsche zu erfüllen. Allerdings kann ein übermäßiger Konsum von Konsumgütern auch negative Auswirkungen auf uns und unsere Umwelt haben. In diesem Kapitel werden wir die Rolle von Konsumgütern in unserem Leben und wie wir sie reduzieren können, erörtern.

Die Rolle von Konsumgütern in unserem Leben

Konsumgüter spielen eine wichtige Rolle in unserem Leben. Sie ermöglichen es uns, unsere Bedürfnisse und Wünsche zu erfüllen, unsere Lebensqualität zu verbessern und unsere Identität auszudrücken. Konsumgüter können uns ein Gefühl von Glück und Zufriedenheit geben, wenn wir sie kaufen und nutzen.

Allerdings kann ein übermäßiger Konsum von Konsumgütern auch negative Auswirkungen haben. Übermäßiger Konsum kann uns in eine Spirale des Vergleichs und der Unzufriedenheit treiben, in der wir immer mehr wollen und uns nie zufrieden fühlen. Übermäßiger Konsum kann auch finanzielle Probleme verursachen und negative Auswirkungen auf die Umwelt haben.

Wie wir Konsumgüter reduzieren können:

Es gibt viele Schritte, die wir ergreifen können, um unseren Konsum von Konsumgütern zu reduzieren. Hier sind einige Möglichkeiten:

1. Vermeiden Sie Impulskäufe: Impulskäufe sind oft die größten Treiber des übermäßigen Konsums. Versuchen Sie, sich Zeit zu nehmen, um über Ihre Käufe nachzudenken, und fragen Sie sich, ob Sie das Produkt wirklich brauchen oder ob es nur ein impulsiver Kauf ist.
2. Kaufen Sie nur, was Sie brauchen: Konzentrieren Sie sich auf den Kauf von Produkten, die Sie wirklich benötigen und die Ihnen langfristig Freude bereiten werden. Vermeiden Sie den Kauf von Dingen, die Sie nicht benötigen oder die nur kurzzeitig verwendet werden.
3. Kaufen Sie gebraucht oder teilen Sie: Eine Möglichkeit, den Konsum von neuen Konsumgütern zu reduzieren, besteht darin, gebrauchte Artikel zu kaufen oder zu teilen. Sie können beispielsweise Secondhand-Kleidung kaufen, gebrauchte Elektronikgeräte erwerben oder Werkzeuge mit Nachbarn teilen.
4. Wählen Sie umweltfreundliche Optionen: Versuchen Sie, umweltfreundliche Optionen zu wählen, wie z.B. recycelte Produkte, Produkte aus erneuerbaren Ressourcen oder Produkte, die in umweltfreundlichen Verpackungen geliefert werden.
5. Praktizieren Sie bewussten Konsum: Achten Sie auf die Herkunft und Qualität von Produkten, bevor Sie sie kaufen. Überlegen Sie sich, ob das Produkt ethisch produziert wurde und ob es Ihrer

Gesundheit und Ihrem Wohlbefinden zuträglich ist.

Fazit

Konsumgüter spielen eine wichtige Rolle in unserem Leben, aber ein übermäßiger Konsum kann negative Auswirkungen auf uns und unsere Umwelt haben. Es ist wichtig, bewusst zu konsumieren und unsere Bedürfnisse und Wünsche kritisch zu betrachten, um unnötigen Konsum zu vermeiden.

Indem wir uns auf das Wesentliche konzentrieren und bewusste Entscheidungen treffen, können wir unseren Konsum von Konsumgütern reduzieren und unsere Lebensqualität verbessern. Wir können ein erfüllteres Leben führen, das auf unseren Werten und Überzeugungen basiert, und uns gleichzeitig um unsere Umwelt kümmern.

Wie man ein minimalistisches und frugales Zuhause gestaltet

Ein minimalistisches und frugales Zuhause kann Ihnen helfen, Stress abzubauen, Ihre Finanzen zu verbessern und Ihre Umweltbelastung zu reduzieren. Es kann jedoch schwierig sein zu wissen, wo man anfangen soll, wenn man sein Zuhause minimalistisch und frugal gestalten möchte. In diesem Kapitel werden wir Ihnen einige Tipps geben, wie Sie Ihr Zuhause minimalistisch und frugal gestalten können.

1. Entrümpeln Sie Ihr Zuhause

Der erste Schritt, um ein minimalistisches und frugales Zuhause zu gestalten, besteht darin, Ihr Zuhause zu entrümpeln. Gehen Sie durch jeden Raum und überlegen Sie, welche Gegenstände Sie wirklich benötigen und welche Sie entbehren können. Verkaufen oder spenden Sie die Dinge, die Sie nicht benötigen, und behalten Sie nur die Dinge, die Ihnen wirklich wichtig sind.

2. Vermeiden Sie übermäßigen Konsum

Einer der wichtigsten Schritte, um ein frugales Zuhause zu gestalten, besteht darin, übermäßigen Konsum zu vermeiden. Versuchen Sie, nur die Dinge zu kaufen, die Sie wirklich benötigen, und meiden Sie Impulskäufe. Überlegen Sie sich, ob Sie ein Produkt wirklich brauchen, bevor Sie es kaufen, und fragen Sie sich, ob es Ihnen langfristig Freude bereitet.

3. Verwenden Sie Mehrzweck-Gegenstände

Mehrzweck-Gegenstände sind ein wichtiger Bestandteil eines minimalistischen und frugalen Zuhause. Sie können Platz sparen und Ihnen helfen, Geld zu sparen, indem Sie mehrere Funktionen erfüllen. Beispiele für Mehrzweck-Gegenstände sind ein Bett mit integriertem Stauraum oder ein Küchenmesser, das auch als Flaschenöffner verwendet werden kann.

4. Verwenden Sie umweltfreundliche Produkte

Wenn Sie ein minimalistisches und frugales Zuhause gestalten möchten, ist es wichtig, umweltfreundliche Produkte zu verwenden. Vermeiden Sie Einwegprodukte und wählen Sie Produkte aus erneuerbaren Ressourcen oder recycelten Materialien. Vermeiden Sie auch Produkte mit unnötiger Verpackung.

5. Kaufen Sie gebrauchte Gegenstände

Eine weitere Möglichkeit, ein frugales und minimalistisches Zuhause zu gestalten, besteht darin, gebrauchte Gegenstände zu kaufen. Gebrauchte Gegenstände sind oft preiswerter als neue Gegenstände und können in ein minimalistisches Zuhause passen. Schauen Sie sich Secondhand-Läden, Flohmärkte oder Online-Marktplätze an, um gebrauchte Gegenstände zu finden.

6. Vermeiden Sie übermäßige Dekoration

Ein minimalistisches Zuhause zeichnet sich durch eine reduzierte Dekoration aus. Vermeiden Sie übermäßige Dekorationen und wählen Sie nur die Dinge, die wirklich wichtig sind. Konzentrieren Sie sich auf Qualität statt Quantität und wählen Sie zeitlose Stücke, die Ihnen lange Freude bereiten werden.

Fazit

Ein minimalistisches und frugales Zuhause kann Ihnen helfen, Stress abzubauen, Ihre Finanzen zu verbessern und Ihre Umweltbelastung zu reduzieren. Indem Sie Ihr Zuhause entrümpeln, übermäßigen Konsum vermeiden, Mehrzweck-Gegenstände verwenden, umweltfreundliche Produkte wählen, gebrauchte Gegenstände kaufen und übermäßige Dekorationen vermeiden, können Sie ein minimalistisches und frugales Zuhause gestalten.

Es ist wichtig zu betonen, dass das Gestalten eines minimalistischen und frugalen Zuhause ein fortlaufender Prozess ist. Es erfordert ständige Überlegung und Anpassung, um sicherzustellen, dass Ihr Zuhause Ihren Bedürfnissen und Werten entspricht. Mit ein wenig Planung und Kreativität können Sie jedoch ein minimalistisches und frugales Zuhause gestalten, das Ihnen Freude und Zufriedenheit bereitet und gleichzeitig umweltfreundlich und nachhaltig ist.

Die Auswirkungen von Konsum auf die Umwelt und wie man umweltbewusster leben kann

Konsum ist ein wichtiger Bestandteil unseres modernen Lebens, aber es hat auch negative Auswirkungen auf die Umwelt. Übermäßiger Konsum kann zu einer Vielzahl von Umweltproblemen führen, darunter Klimawandel, Ressourcenverknappung und Umweltverschmutzung. In diesem Kapitel werden wir die Auswirkungen von Konsum auf die Umwelt erörtern und einige Tipps geben, wie Sie umweltbewusster leben können.

1. Klimawandel

Einer der größten Umweltprobleme, die durch Konsum verursacht werden, ist der Klimawandel. Der Klimawandel wird durch den Ausstoß von Treibhausgasen verursacht, die bei der Herstellung, dem Transport und dem Verbrauch von Konsumgütern freigesetzt werden. Um den Klimawandel zu bekämpfen, sollten Sie versuchen, Ihre Kohlenstoffemissionen zu reduzieren, indem Sie energieeffiziente Geräte kaufen, alternative Transportmittel wie öffentliche Verkehrsmittel oder Fahrräder nutzen und Ihre Energieverbräuche reduzieren.

2. Ressourcenverknappung

Konsum hat auch Auswirkungen auf die Verfügbarkeit von Ressourcen wie Wasser, Energie und Rohstoffe. Ein übermäßiger Konsum von Konsumgütern kann dazu führen, dass natürliche Ressourcen erschöpft werden und ihre Verfügbarkeit für zukünftige Generationen gefährdet wird. Um Ressourcenverknappung zu reduzieren, sollten Sie versuchen, Ihre Konsumgewohnheiten zu ändern und Produkte aus erneuerbaren Ressourcen zu wählen.

3. Umweltverschmutzung

Konsum hat auch Auswirkungen auf die Umweltverschmutzung. Viele Produkte enthalten giftige Chemikalien und werden auf umweltschädliche Weise hergestellt. Die Entsorgung von Abfallprodukten kann auch die Umweltverschmutzung erhöhen. Um die Umweltverschmutzung zu reduzieren, sollten Sie versuchen, umweltfreundliche Produkte zu wählen, Produkte mit umweltfreundlichen Verpackungen zu wählen und Abfälle zu recyceln oder zu kompostieren.

4. Umweltbewusst leben

Um umweltbewusster zu leben, sollten Sie versuchen, Ihre Konsumgewohnheiten zu ändern. Hier sind einige Tipps:

- Reduzieren Sie Ihren Konsum von Einwegprodukten wie Plastikflaschen, Plastiktüten und Einweggeschirr.
- Kaufen Sie umweltfreundliche Produkte aus erneuerbaren Ressourcen oder recycelten Materialien.
- Reduzieren Sie Ihre Emissionen von Treibhausgasen durch Energieeinsparungen, energieeffiziente Geräte, alternative Transportmittel und die Verwendung von erneuerbaren Energiequellen.

- Vermeiden Sie Lebensmittelverschwendung durch die richtige Lagerung von Lebensmitteln, die Verwendung von Resten und die Vermeidung von übermäßigem Einkauf.
- Recyceln und kompostieren Sie Abfallprodukte und wählen Sie Produkte mit umweltfreundlichen Verpackungen.

- Kaufen Sie gebrauchte Gegenstände, um Abfall und Ressourcenverknappung zu reduzieren.
- Unterstützen Sie Unternehmen, die umweltfreundliche Praktiken anwenden.
- Nutzen Sie öffentliche Verkehrsmittel, Fahrräder oder gehen Sie zu Fuß, um den CO_2-Ausstoß zu reduzieren.
- Reduzieren Sie Ihre Energiekosten, indem Sie energieeffiziente Geräte verwenden und unnötige Stromquellen ausschalten.
- Vermeiden Sie den Konsum von Fleisch und tierischen Produkten, da deren Produktion und Transport mit einem hohen CO_2-Ausstoß verbunden ist.
- Verwenden Sie umweltfreundliche Reinigungsmittel und vermeiden Sie die Verwendung von Chemikalien.

Fazit

Konsum hat Auswirkungen auf die Umwelt und es ist wichtig, umweltbewusster zu leben, um diese Auswirkungen zu reduzieren. Indem Sie Ihre Konsumgewohnheiten ändern und umweltbewusster leben, können Sie den CO_2-Ausstoß reduzieren, Ressourcenverknappung vermeiden und die Umweltverschmutzung reduzieren. Durch die

Unterstützung von Unternehmen, die umweltfreundliche Praktiken anwenden, können Sie auch dazu beitragen, eine nachhaltigere Welt zu schaffen.

Der Zusammenhang zwischen Frugalismus und finanzieller Freiheit

Frugalismus und finanzielle Freiheit sind zwei Konzepte, die eng miteinander verbunden sind. Frugalismus bezieht sich auf die Fähigkeit, mit wenig Geld auszukommen und sparsam zu leben, während finanzielle Freiheit darauf abzielt, finanzielle Unabhängigkeit zu erreichen, indem man genug Vermögen aufbaut, um frei zu entscheiden, wie man sein Leben gestaltet. In diesem Kapitel werden wir den Zusammenhang zwischen Frugalismus und finanzieller Freiheit untersuchen und diskutieren, wie Sie diese beiden Konzepte kombinieren können, um Ihre finanzielle Zukunft zu verbessern.

1. Frugalismus als Grundlage für finanzielle Freiheit

Frugalismus ist eine wichtige Grundlage für finanzielle Freiheit, da er Ihnen hilft, Ihre Ausgaben zu kontrollieren und mehr Geld zu sparen. Indem Sie Ihre Ausgaben reduzieren und ein sparsames Leben führen, können Sie mehr Geld sparen und es in Anlagen investieren, um Ihr Vermögen zu erhöhen.

2. Finanzielle Unabhängigkeit durch Investitionen

Finanzielle Freiheit wird oft durch Investitionen erreicht, die es Ihnen ermöglichen, Ihr Vermögen zu erhöhen und passive Einkommensströme zu schaffen. Indem Sie Ihr Geld in Anlagen wie Aktien, Anleihen oder Immobilien investieren, können Sie Ihr Vermögen erhöhen und passive Einkommensströme schaffen, die es Ihnen ermöglichen, finanziell unabhängig zu sein.

3. Frugalismus und finanzielle Freiheit kombinieren

Frugalismus und finanzielle Freiheit können kombiniert werden, um Ihre finanzielle Zukunft zu verbessern. Indem Sie ein sparsames Leben führen und Ihre Ausgaben kontrollieren, können Sie mehr Geld sparen, um in Anlagen zu investieren, die Ihnen passive Einkommensströme bringen. Durch eine Kombination von Frugalismus und Investitionen können Sie ein solides Fundament für Ihre finanzielle Freiheit schaffen.

4. Schritte zur finanziellen Freiheit

Um finanzielle Freiheit zu erreichen, gibt es mehrere Schritte, die Sie unternehmen können. Zunächst sollten Sie Ihre Ausgaben kontrollieren und ein Budget erstellen, um sicherzustellen, dass Sie weniger ausgeben als Sie verdienen. Sie sollten auch Schulden abbauen und Ihre Ersparnisse erhöhen, um mehr Geld für Investitionen zur Verfügung zu haben. Indem Sie in Anlagen wie Aktien, Anleihen oder Immobilien investieren, können Sie Ihr Vermögen erhöhen und passive Einkommensströme schaffen, die Ihnen finanzielle Unabhängigkeit ermöglichen.

Fazit

Frugalismus und finanzielle Freiheit sind eng miteinander verbunden und können kombiniert werden, um Ihre finanzielle Zukunft zu verbessern. Indem Sie ein sparsames Leben führen und in Anlagen investieren, können Sie Ihr Vermögen erhöhen und passive

Einkommensströme schaffen, die Ihnen finanzielle
Unabhängigkeit ermöglichen. Durch die Kontrolle Ihrer
Ausgaben, das Abzahlen von Schulden und das Erhöhen
Ihrer Ersparnisse können Sie Schritte in Richtung
finanzieller Freiheit unternehmen. Es ist jedoch wichtig
zu beachten, dass finanzielle Freiheit ein langer Prozess
ist und Geduld erfordert. Sie müssen auch Ihre
Anlagestrategie regelmäßig überprüfen und anpassen, um
sicherzustellen, dass sie Ihren Zielen entspricht und Sie
auf dem Weg zur finanziellen Freiheit unterstützt.

Frugalismus kann auch helfen, Ihre finanzielle Freiheit zu
erhalten, sobald Sie sie erreicht haben. Indem Sie
weiterhin ein sparsames Leben führen und unnötige
Ausgaben vermeiden, können Sie Ihr Vermögen schützen
und Ihre Ersparnisse weiter erhöhen.

Wie man mit frugalem Leben ein Vermögen aufbauen kann

Frugalismus ist eine Lebensweise, die darauf abzielt, mit wenig Geld auszukommen und sparsam zu leben. Viele Menschen nehmen an, dass Frugalismus bedeutet, auf Luxus und Komfort zu verzichten, um Geld zu sparen. Doch tatsächlich kann Frugalismus auch dabei helfen, ein Vermögen aufzubauen. In diesem Kapitel werden wir erörtern, wie Sie mit frugalem Leben ein Vermögen aufbauen können und welche Schritte Sie unternehmen sollten, um finanziell erfolgreich zu sein.

1. Kontrolle Ihrer Ausgaben

Um ein Vermögen aufzubauen, müssen Sie zunächst Ihre Ausgaben kontrollieren und ein Budget erstellen. Indem Sie unnötige Ausgaben eliminieren und ein sparsames Leben führen, können Sie mehr Geld sparen und es in Anlagen investieren. Sie sollten auch regelmäßig Ihre Ausgaben überprüfen und sicherstellen, dass Sie weniger ausgeben als Sie verdienen.

2. Investitionen

Ein wichtiger Schritt zum Aufbau eines Vermögens ist die Investition in Anlagen wie Aktien, Anleihen oder Immobilien. Indem Sie Ihr Geld in Anlagen investieren, können Sie Ihr Vermögen erhöhen und passive Einkommensströme schaffen, die es Ihnen ermöglichen, finanziell unabhängig zu sein.

3. Immobilieninvestitionen

Immobilieninvestitionen können eine besonders lohnende Möglichkeit sein, ein Vermögen aufzubauen. Immobilien können ein stabiles passives Einkommen generieren und ihre Preise können im Laufe der Zeit steigen. Sie sollten jedoch sorgfältig prüfen, ob eine Immobilieninvestition für Sie geeignet ist und ob Sie die finanziellen Ressourcen haben, um eine Immobilie zu kaufen und zu verwalten.

4. Schuldenabbau

Es ist auch wichtig, Schulden abzubauen, um ein Vermögen aufzubauen. Indem Sie Schulden abbauen, können Sie mehr Geld sparen und es in Anlagen investieren. Sie sollten sich auf Schulden mit hohen Zinssätzen konzentrieren, wie z.B. Kreditkartenschulden, und diese so schnell wie möglich begleichen.

5. Passive Einkommensquellen

Eine weitere Möglichkeit, ein Vermögen aufzubauen, ist die Schaffung von passiven Einkommensquellen. Passives Einkommen ist Einkommen, das Sie verdienen, ohne aktiv dafür arbeiten zu müssen, wie z.B. Mieteinnahmen oder Dividenden aus Aktien. Sie können passive Einkommensquellen schaffen, indem Sie in Anlagen investieren oder ein Geschäft gründen, das sich selbst finanziert.

6. Geduld und Disziplin

Der Aufbau eines Vermögens erfordert Geduld und Disziplin. Es ist wichtig, langfristig zu denken und Ihre Investitionsstrategie regelmäßig zu überprüfen und anzupassen, um sicherzustellen, dass sie Ihren Zielen entspricht. Es ist auch wichtig, sich an ein Budget zu halten und unnötige Ausgaben zu vermeiden, um mehr Geld zu sparen.

Fazit

Frugalismus kann Ihnen helfen, ein Vermögen aufzubauen, indem Sie Ihre Ausgaben kontrollieren und mehr Geld in Anlagen investieren. Es ist wichtig, regelmäßig Ihre Ausgaben zu überprüfen und sicherzustellen, dass Sie weniger ausgeben als Sie verdienen. Investitionen sind auch ein wichtiger Bestandteil des Aufbaus eines Vermögens und können Ihnen passive Einkommensströme bringen. Immobilieninvestitionen können eine besonders lohnende Möglichkeit sein, ein Vermögen aufzubauen.

Warum Investieren ein wichtiger Teil des frugalen Lebens ist

Frugalismus bezieht sich auf eine Lebensweise, bei der man mit wenig Geld auskommt und sparsam lebt. Viele Menschen nehmen an, dass Frugalismus bedeutet, auf Luxus und Komfort zu verzichten, um Geld zu sparen. Doch tatsächlich kann Frugalismus auch dabei helfen, finanzielle Unabhängigkeit zu erreichen und ein Vermögen aufzubauen. Investieren ist ein wichtiger Teil des frugalen Lebens, da es Ihnen hilft, Ihr Vermögen zu erhöhen und passive Einkommensströme zu schaffen. In diesem Kapitel werden wir erörtern, warum Investieren ein wichtiger Teil des frugalen Lebens ist und wie es Ihnen helfen kann, finanzielle Unabhängigkeit zu erreichen.

1. Vermögensaufbau

Investieren ist ein wichtiger Teil des Vermögensaufbaus. Indem Sie Ihr Geld in Anlagen wie Aktien, Anleihen oder Immobilien investieren, können Sie Ihr Vermögen erhöhen und passive Einkommensströme schaffen, die Ihnen finanzielle Unabhängigkeit ermöglichen. Investieren hilft Ihnen auch, Inflation zu bekämpfen, indem Sie Ihr Vermögen vor den Auswirkungen von Inflation schützen.

2. Passives Einkommen

Investieren kann Ihnen auch helfen, passives Einkommen zu schaffen. Passives Einkommen ist Einkommen, das Sie verdienen, ohne aktiv dafür arbeiten zu müssen, wie z.B. Mieteinnahmen oder Dividenden aus Aktien. Indem Sie in Anlagen investieren, können Sie passive Einkommensströme schaffen, die Ihnen finanzielle Unabhängigkeit bringen können.

3. Diversifikation

Investieren hilft Ihnen auch, Ihr Vermögen zu diversifizieren. Indem Sie Ihr Geld in verschiedene Anlagen investieren, können Sie das Risiko von Verlusten reduzieren. Wenn Sie nur in eine Anlage investieren und diese scheitert, kann dies zu großen Verlusten führen. Wenn Sie jedoch Ihr Geld in verschiedene Anlagen investieren, können Sie das Risiko von Verlusten reduzieren.

4. Langfristiges Denken

Investieren erfordert langfristiges Denken und Geduld. Sie sollten nicht erwarten, schnell reich zu werden, sondern sollten eine langfristige Perspektive einnehmen. Indem Sie langfristig denken und regelmäßig in Anlagen investieren, können Sie Ihr Vermögen langsam, aber stetig aufbauen.

5. Regelmäßigkeit

Regelmäßigkeit ist auch ein wichtiger Faktor beim Investieren. Indem Sie regelmäßig in Anlagen investieren, können Sie ein Vermögen aufbauen und von den Zinseszinseffekten profitieren. Durch regelmäßiges Investieren können Sie auch emotionale Entscheidungen vermeiden, die auf kurzfristigen Marktschwankungen beruhen.

Fazit

Investieren ist ein wichtiger Teil des frugalen Lebens, da es Ihnen helfen kann, Ihr Vermögen zu erhöhen und passive Einkommensströme zu schaffen. Es ist auch wichtig, Ihr Vermögen zu diversifizieren und langfristig zu denken. Indem Sie regelmäßig in Anlagen investieren, können Sie ein Vermögen aufbauen und finanzielle Unabhängigkeit erreichen. Investieren erfordert jedoch auch Geduld und Disziplin, und Sie sollten regelmäßig Ihre Investitionsstrategie überprüfen und anpassen, um sicherzustellen, dass sie Ihren Zielen entspricht. Sie sollten auch auf die Kosten achten, die mit Anlagen verbunden sind, und sicherstellen, dass Sie nicht zu viel für Transaktionsgebühren oder Verwaltungskosten bezahlen.

Die Risiken von Investitionen und wie man sie minimiert

Investieren kann eine lohnende Möglichkeit sein, um Ihr Vermögen zu erhöhen und passive Einkommensströme zu schaffen. Allerdings gibt es auch Risiken, die mit Investitionen verbunden sind, wie Verluste aufgrund von Marktschwankungen oder Betrügereien. In diesem Kapitel werden wir erörtern, welche Risiken mit Investitionen verbunden sind und wie Sie diese minimieren können.

1. Marktrisiko

Marktrisiko bezieht sich auf das Risiko, das mit Schwankungen der Märkte verbunden ist. Investitionen können aufgrund von Änderungen in den wirtschaftlichen oder politischen Bedingungen an Wert verlieren. Wenn Sie in Aktien investieren, kann das Marktrisiko besonders hoch sein. Um das Marktrisiko zu minimieren, sollten Sie Ihr Portfolio diversifizieren und in verschiedene Anlagen investieren.

2. Zinsrisiko

Zinsrisiko bezieht sich auf das Risiko, dass sich die Zinssätze ändern und Auswirkungen auf den Wert Ihrer Anlagen haben. Wenn die Zinssätze steigen, können Anleihen und andere festverzinsliche Wertpapiere an Wert verlieren. Um das Zinsrisiko zu minimieren, sollten Sie Anlagen wählen, die eine längere Laufzeit haben und höhere Zinssätze bieten.

3. Kreditrisiko

Kreditrisiko bezieht sich auf das Risiko, dass der Emittent einer Anleihe oder eines anderen festverzinslichen Wertpapiers zahlungsunfähig wird und Sie Ihre Investition verlieren. Um das Kreditrisiko zu minimieren, sollten Sie Anleihen von Emittenten mit hoher Bonität wählen und Ihr Portfolio diversifizieren.

4. Inflation

Inflation ist ein Risiko, das mit Investitionen verbunden ist, da sie den Wert Ihrer Anlagen im Laufe der Zeit verringern kann. Um das Risiko von Inflation zu minimieren, sollten Sie in Anlagen investieren, die Inflationsschutz bieten, wie z.B. Aktien oder Immobilien.

5. Betrugsrisiko

Betrugsrisiko bezieht sich auf das Risiko, dass Sie Opfer von Betrug werden und Ihre Investition verlieren. Um das Betrugsrisiko zu minimieren, sollten Sie nur in Anlagen investieren, die Sie vollständig verstehen, und vermeiden Sie Investitionen, die zu gut klingen, um wahr zu sein.

6. Liquiditätsrisiko

Liquiditätsrisiko bezieht sich auf das Risiko, dass Sie Schwierigkeiten haben, Ihre Anlagen in bar umzuwandeln, wenn Sie es benötigen. Um das Liquiditätsrisiko zu minimieren, sollten Sie Anlagen wählen, die eine hohe Liquidität bieten und schnell verkauft werden können.

Fazit

Investieren kann eine lohnende Möglichkeit sein, um Ihr Vermögen zu erhöhen und passive Einkommensströme zu schaffen. Allerdings gibt es auch Risiken, die mit Investitionen verbunden sind, wie Marktrisiko, Zinsrisiko, Kreditrisiko, Inflation, Betrugsrisiko und Liquiditätsrisiko. Sie sollten sich über diese Risiken informieren und Maßnahmen ergreifen, um sie zu minimieren. Ein wichtiger Schritt, um Risiken zu minimieren, ist eine Diversifikation Ihres Portfolios. Indem Sie in verschiedene Anlagen investieren, können Sie das Risiko von Verlusten aufgrund von Marktschwankungen reduzieren. Sie sollten auch sicherstellen, dass Sie nur in Anlagen investieren, die Sie vollständig verstehen und die Ihren Risikoprofilen und finanziellen Zielen entsprechen.

Es ist auch wichtig, auf die Kosten zu achten, die mit Investitionen verbunden sind, wie Transaktionsgebühren und Verwaltungskosten. Sie sollten sicherstellen, dass Sie nicht zu viel für diese Kosten bezahlen und dass sie in einem angemessenen Verhältnis zu den potenziellen Erträgen Ihrer Investitionen stehen.

Schließlich sollten Sie immer wachsam sein und vorsichtig sein, wenn es um Investitionen geht. Vermeiden Sie Investitionen, die zu gut klingen, um wahr zu sein, und seien Sie skeptisch gegenüber Anlageberatern oder -firmen, die unrealistische Renditen versprechen. Sie sollten auch immer auf dem Laufenden bleiben und regelmäßig Ihre Investitionsstrategie überprüfen und anpassen, um sicherzustellen, dass sie Ihren Zielen und Ihrem Risikoprofil entspricht.

Wie man mit einem minimalistischen Lebensstil Zeit gewinnen kann

Ein minimalistischer Lebensstil ist eine Lebensweise, bei der man bewusst auf Überflüssiges verzichtet und sich auf das Wesentliche konzentriert. Diese Lebensweise kann nicht nur dazu beitragen, finanzielle Freiheit und Umweltbewusstsein zu fördern, sondern auch Zeit gewinnen. In diesem Kapitel werden wir erörtern, wie Sie durch einen minimalistischen Lebensstil Zeit gewinnen können.

1. Weniger Konsum

Ein minimalistischer Lebensstil bedeutet oft, dass Sie weniger Konsumgüter besitzen und weniger Zeit damit verbringen müssen, diese zu kaufen, zu organisieren und zu pflegen. Wenn Sie weniger Dinge besitzen, haben Sie mehr Zeit, sich auf die Dinge zu konzentrieren, die wirklich wichtig sind, wie Ihre Beziehungen und Ihre persönliche Entwicklung.

2. Weniger Ablenkungen

Ein minimalistischer Lebensstil kann auch dazu beitragen, Ablenkungen zu minimieren. Wenn Sie sich auf das Wesentliche konzentrieren und sich von unnötigem Ballast befreien, können Sie Ihre Aufmerksamkeit auf Dinge lenken, die für Sie wichtig sind. Sie können Ihre Zeit und Energie darauf verwenden, Ihre Ziele zu erreichen, statt Zeit mit Dingen zu verschwenden, die Sie nicht wirklich brauchen.

3. Effizientes Zeitmanagement

Ein minimalistischer Lebensstil kann Ihnen auch helfen, Ihre Zeit effizienter zu nutzen. Wenn Sie sich auf das Wesentliche konzentrieren, können Sie Ihre Prioritäten klarer sehen und Ihre Zeit und Energie darauf konzentrieren, Ihre Ziele zu erreichen. Sie können auch Ihre Zeit besser planen und organisieren, indem Sie sich auf die Dinge konzentrieren, die wirklich wichtig sind.

4. Weniger Stress

Ein minimalistischer Lebensstil kann auch dazu beitragen, Stress zu minimieren. Wenn Sie sich von unnötigem Ballast befreien, können Sie sich auf die Dinge konzentrieren, die Ihnen Freude bereiten, und stressige Situationen vermeiden. Sie können auch Ihre Zeit besser nutzen, um sich zu entspannen und zu erholen, was Ihnen helfen kann, Stress abzubauen.

5. Mehr Freiheit

Ein minimalistischer Lebensstil kann Ihnen auch mehr Freiheit geben, indem er Ihnen mehr Zeit und Raum gibt, um Ihre Ziele zu verfolgen und neue Erfahrungen zu machen. Wenn Sie weniger Dinge besitzen und weniger Verpflichtungen haben, können Sie Ihre Zeit und Energie darauf verwenden, das Leben zu genießen und neue Abenteuer zu erleben.

Fazit

Ein minimalistischer Lebensstil kann Ihnen nicht nur dabei helfen, finanzielle Freiheit und Umweltbewusstsein zu fördern, sondern auch Zeit gewinnen. Durch weniger

Konsum, weniger Ablenkungen, effizientes Zeitmanagement, weniger Stress und mehr Freiheit können Sie Ihre Zeit besser nutzen und sich auf die Dinge konzentrieren, die Ihnen wirklich wichtig sind. Wenn Sie sich für einen minimalistischen Lebensstil entscheiden, können Sie mehr Zeit für Ihre persönliche Entwicklung, Ihre Beziehungen und Ihre Freizeitaktivitäten haben.

Die Bedeutung von Freunden und Familie in einem frugalen Leben

In einem frugalen Leben geht es darum, bewusst auf Überflüssiges zu verzichten und sich auf das Wesentliche zu konzentrieren. Dabei ist es wichtig zu erkennen, dass Freunde und Familie einen wichtigen Platz in unserem Leben einnehmen und uns dabei helfen können, ein erfülltes und glückliches Leben zu führen. In diesem Kapitel werden wir erörtern, warum Freunde und Familie in einem frugalen Leben so wichtig sind.

1. Unterstützung

Freunde und Familie können eine wichtige Quelle der Unterstützung sein, wenn es darum geht, ein frugales Leben zu führen. Sie können Ihnen dabei helfen, Ihre Ziele zu erreichen und Sie motivieren, wenn es schwierig wird. Durch Gespräche und gemeinsame Aktivitäten können Sie Ihre Erfahrungen teilen und voneinander lernen.

2. Soziales Netzwerk

Ein frugales Leben kann manchmal einsam sein, aber Freunde und Familie können helfen, ein starkes soziales Netzwerk aufzubauen. Durch gemeinsame Aktivitäten und Interessen können Sie Ihre Beziehungen vertiefen und neue Freundschaften schließen. Dies kann dazu beitragen, dass Sie sich unterstützt und verbunden fühlen und ein erfülltes Leben führen.

3. Teilen von Ressourcen

Freunde und Familie können auch dazu beitragen, Ressourcen zu teilen und somit Kosten zu sparen. Zum Beispiel können Sie gemeinsam Mahlzeiten planen und kochen, Fahrgemeinschaften bilden oder Gegenstände teilen. Dies kann dazu beitragen, dass Sie Ihr Budget besser verwalten und mehr Geld sparen können.

4. Erfüllte Beziehungen

Ein frugales Leben kann dazu beitragen, dass Sie sich auf das Wesentliche konzentrieren und Ihre Beziehungen vertiefen. Indem Sie Zeit mit Freunden und Familie verbringen, können Sie wertvolle Beziehungen aufbauen und pflegen. Sie können auch Ihre Zeit und Energie darauf konzentrieren, Ihre Beziehungen zu verbessern und wertvolle Erinnerungen zu schaffen.

5. Positive Einflüsse

Freunde und Familie können auch dazu beitragen, dass Sie positive Einflüsse in Ihrem Leben haben. Durch ihre Unterstützung und Motivation können Sie Ihre Ziele erreichen und ein erfülltes Leben führen. Sie können auch positive Beispiele geben, wie zum Beispiel durch ihr eigenes frugales Leben oder ihr Umweltbewusstsein.

Fazit

In einem frugalen Leben sind Freunde und Familie von großer Bedeutung. Sie können Ihnen dabei helfen, Ihre Ziele zu erreichen, ein starkes soziales Netzwerk aufzubauen, Ressourcen zu teilen und wertvolle Beziehungen zu pflegen. Sie können auch positive

Einflüsse in Ihrem Leben haben und dazu beitragen, dass Sie ein erfülltes und glückliches Leben führen. Wenn Sie ein frugales Leben führen, sollten Sie sich Zeit für Ihre Beziehungen nehmen und diese pflegen, um ein unterstützendes und erfülltes Leben zu führen.

Wie man ein frugales und gesundes Leben führt

In einem frugalen Leben geht es darum, bewusst auf Überflüssiges zu verzichten und sich auf das Wesentliche zu konzentrieren. Dabei ist es wichtig zu erkennen, dass Gesundheit ein wichtiger Teil eines erfüllten Lebens ist. In diesem Kapitel werden wir erörtern, wie Sie ein frugales und gesundes Leben führen können.

1. Gesunde Ernährung

Eine gesunde Ernährung ist ein wichtiger Bestandteil eines gesunden Lebensstils. Es ist möglich, eine gesunde und frugale Ernährung zu führen, indem man auf frisches Obst und Gemüse, Vollkornprodukte und pflanzliche Proteine setzt. Es ist auch wichtig, verarbeitete Lebensmittel und Fast Food zu vermeiden und selbst zu kochen, um Geld zu sparen und eine gesunde Ernährung zu fördern.

2. Regelmäßige Bewegung

Regelmäßige Bewegung ist ein weiterer wichtiger Bestandteil eines gesunden Lebensstils. Sie müssen kein Fitnessstudio besuchen, um sich zu bewegen. Sie können Spaziergänge machen, Rad fahren oder Yoga praktizieren. Es ist wichtig, eine Form der Bewegung zu finden, die Ihnen Freude bereitet, um die Wahrscheinlichkeit zu erhöhen, dass Sie regelmäßig Sport treiben.

3. Stressabbau

Stress ist ein Teil des modernen Lebens, aber es ist wichtig, ihn zu minimieren. Sie können Stress abbauen, indem Sie sich Zeit für Entspannung und Ruhe nehmen, wie zum Beispiel durch Meditation oder Yoga. Sie können auch Stress durch eine gute Planung und Organisation minimieren, um Zeit für wichtige Aufgaben und Ziele zu haben.

4. Ausreichend Schlaf

Ausreichend Schlaf ist wichtig für unsere körperliche und geistige Gesundheit. Sie sollten darauf achten, genug Schlaf zu bekommen, um ausgeruht und erfrischt zu sein. Ein regelmäßiger Schlafrhythmus kann dazu beitragen, dass Sie besser schlafen und sich besser fühlen.

5. Vermeidung von schädlichen Substanzen

Die Vermeidung von schädlichen Substanzen wie Alkohol und Tabak ist ein wichtiger Bestandteil eines gesunden Lebensstils. Diese Substanzen können nicht nur gesundheitsschädlich sein, sondern auch Geld kosten.

Fazit

Ein frugales und gesundes Leben kann dazu beitragen, dass Sie ein erfülltes Leben führen und Ihre Ziele erreichen. Durch eine gesunde Ernährung, regelmäßige Bewegung, Stressabbau, ausreichend Schlaf und die Vermeidung schädlicher Substanzen können Sie Ihre körperliche und geistige Gesundheit fördern und Geld sparen. Wenn Sie ein frugales Leben führen möchten, sollten Sie Ihre Gesundheit nicht vernachlässigen und sich Zeit für regelmäßige Bewegung, Entspannung und ausreichenden Schlaf nehmen.

Wie man Geld sparen kann, indem man eine nachhaltige Lebensweise führt

Eine nachhaltige Lebensweise kann dazu beitragen, die Umwelt zu schützen und Geld zu sparen. In diesem Kapitel werden wir erörtern, wie Sie Geld sparen können, indem Sie eine nachhaltige Lebensweise führen.

1. Reduzierung von Konsumgütern

Eine der einfachsten Möglichkeiten, Geld zu sparen, ist die Reduzierung von Konsumgütern. Durch die Vermeidung von unnötigen Einkäufen und die Konzentration auf das Wesentliche können Sie nicht nur Geld sparen, sondern auch die Umwelt schützen. Sie können beispielsweise auf Einwegartikel verzichten und stattdessen wiederverwendbare Alternativen wie Stofftaschen und wiederverwendbare Wasserflaschen verwenden.

2. Energieeffizienz

Energieeffizienz ist ein weiterer wichtiger Aspekt einer nachhaltigen Lebensweise. Durch die Verringerung des Energieverbrauchs können Sie nicht nur Geld sparen, sondern auch den CO_2-Ausstoß reduzieren und die Umwelt schonen. Sie können beispielsweise energiesparende Glühbirnen verwenden, den Standby-Modus Ihrer Geräte ausschalten und eine effiziente Heizung und Kühlung verwenden.

3. Vermeidung von Lebensmittelverschwendung

Lebensmittelverschwendung ist ein großes Problem, das sowohl die Umwelt als auch Ihren Geldbeutel belasten kann. Durch die Planung von Mahlzeiten und die Verwendung von Resten können Sie Geld sparen und gleichzeitig Lebensmittelverschwendung minimieren. Sie können auch lokale und saisonale Lebensmittel bevorzugen, um die Umweltbelastung zu reduzieren und die Kosten zu senken.

4. Verwendung von öffentlichen Verkehrsmitteln oder Fahrrädern

Die Verwendung von öffentlichen Verkehrsmitteln oder Fahrrädern ist eine umweltfreundliche und kosteneffektive Möglichkeit, um Geld zu sparen. Durch den Verzicht auf das Auto können Sie nicht nur Geld sparen, sondern auch den CO_2-Ausstoß reduzieren und die Umwelt schonen. Sie können auch Ihre Fitness verbessern und sich Zeit und Geld für Parkplatzsuche und Wartung sparen.

5. Verwendung von wiederverwendbaren Produkten

Wiederverwendbare Produkte wie Stofftaschen, wiederverwendbare Wasserflaschen und wiederverwendbare Lebensmittelbehälter können dazu beitragen, dass Sie Geld sparen und gleichzeitig die Umwelt schonen. Sie können diese Produkte mehrmals verwenden und vermeiden so unnötige Ausgaben für Einwegartikel.

6. Reparieren statt Wegwerfen

Wenn ein Gerät kaputt geht oder ein Kleidungsstück gerissen ist, sollten Sie es nicht gleich wegwerfen. Oftmals können diese Dinge repariert werden und damit Geld gespart werden. Es gibt auch viele Möglichkeiten, Dinge selbst zu reparieren oder zu upcyclen, indem man ihnen ein neues Leben gibt.

7. Second-Hand-Käufe

Second-Hand-Käufe sind eine weitere Möglichkeit, Geld zu sparen und gleichzeitig die Umwelt zu schonen. Sie können gebrauchte Kleidung, Möbel und andere Gegenstände zu einem Bruchteil des Preises von neuen Gegenständen kaufen. Durch den Kauf gebrauchter Gegenstände vermeiden Sie auch die Herstellung neuer Gegenstände und damit den damit verbundenen Energieverbrauch und CO_2-Ausstoß.

8. Vermeidung von Einweg-Plastik

Einweg-Plastik ist eine große Belastung für die Umwelt und kann teuer sein, wenn man ständig neue Einweg-Produkte kaufen muss. Sie können Einweg-Plastik vermeiden, indem Sie wiederverwendbare Alternativen wie Stofftaschen, wiederverwendbare Wasserflaschen und wiederverwendbare Lebensmittelbehälter verwenden.

9. Gemeinschaftliche Nutzung

Die gemeinschaftliche Nutzung von Gegenständen und Ressourcen kann dazu beitragen, Geld zu sparen und die Umwelt zu schonen. Sie können zum Beispiel Werkzeuge, Fahrräder oder Autos mit anderen teilen, anstatt diese Dinge alleine zu besitzen. Es gibt auch viele Möglichkeiten, Dinge gemeinsam zu nutzen, wie zum Beispiel Gemeinschaftsgärten oder Waschküchen.

10. Nachhaltige Investitionen

Schließlich können nachhaltige Investitionen dazu beitragen, dass Sie Geld sparen und gleichzeitig die Umwelt schützen. Investieren Sie in Unternehmen, die sich für Nachhaltigkeit und Umweltschutz einsetzen, oder in erneuerbare Energiequellen wie Solar- oder Windenergie. Diese Investitionen können langfristig zu Einsparungen führen und gleichzeitig die Umweltbelastung reduzieren.

Fazit

Eine nachhaltige Lebensweise kann dazu beitragen, dass Sie Geld sparen und gleichzeitig die Umweltbelastung reduzieren. Durch die Reduzierung von Konsumgütern, die Verbesserung der Energieeffizienz, die Vermeidung von Lebensmittelverschwendung, die Verwendung von öffentlichen Verkehrsmitteln oder Fahrrädern, die Verwendung von wiederverwendbaren Produkten, die Reparatur statt dem Wegwerfen von Gegenständen, den Kauf gebrauchter Gegenstände, die Vermeidung von Einweg-Plastik, die gemeinschaftliche Nutzung von Ressourcen und die Investition in nachhaltige Unternehmen können Sie Ihre Umweltbelastung reduzieren und Geld sparen. Durch kleine Änderungen in Ihrem Lebensstil können Sie langfristig große Einsparungen erzielen und gleichzeitig einen positiven Einfluss auf die Umwelt haben. Wenn Sie eine nachhaltige Lebensweise anstreben, sollten Sie sich auch bewusst sein, dass sie nicht nur finanzielle Vorteile bietet, sondern auch ein Gefühl der Zufriedenheit und des Wohlbefindens vermitteln kann.

Wie man ein frugales und dennoch erfülltes Leben führt

Ein frugales Leben zu führen bedeutet nicht zwangsläufig, auf Luxus und Freude zu verzichten. Im Gegenteil, Frugalismus kann dazu beitragen, dass Sie ein erfülltes Leben führen, das auf Ihre Werte und Bedürfnisse ausgerichtet ist. In diesem Kapitel werden wir Ihnen einige Tipps geben, wie Sie ein frugales und dennoch erfülltes Leben führen können.

1. Konzentrieren Sie sich auf das, was wirklich wichtig ist

Eine der Grundlagen des Frugalismus ist es, Ihre Ausgaben auf das zu konzentrieren, was wirklich wichtig ist und auf Luxus zu verzichten, den Sie nicht benötigen. Dies kann Ihnen helfen, Ihre Ausgaben besser zu kontrollieren und Ihr Geld auf Dinge zu konzentrieren, die Ihnen wirklich wichtig sind. Konzentrieren Sie sich auf die Dinge, die Ihnen Freude bereiten und die Ihr Leben bereichern.

2. Entdecken Sie kostenlose oder günstige Aktivitäten

Es gibt viele kostenlose oder günstige Aktivitäten, die Ihnen Freude bereiten können, wie z.B. Spaziergänge in der Natur, das Lesen von Büchern, das Entdecken neuer Orte in Ihrer Stadt oder das Ausprobieren neuer Hobbys. Sie können auch kostenlose Veranstaltungen in Ihrer Stadt oder in Ihrer Nähe finden, wie Konzerte, Ausstellungen oder Festivals.

3. Machen Sie Erlebnisse zu einem Schwerpunkt

Erfahrungen sind oft viel wertvoller als materielle Dinge. Konzentrieren Sie sich auf das Erleben neuer Dinge und das Sammeln von Erinnerungen anstelle von materiellen Dingen. Reisen Sie an Orte, die Sie schon immer besuchen wollten, oder machen Sie Aktivitäten, die Sie schon immer ausprobieren wollten. Diese Erlebnisse können Ihnen ein Gefühl von Erfüllung und Glück geben, das kein materielles Objekt bieten kann.

4. Verbringen Sie Zeit mit Menschen, die Ihnen wichtig sind

Es ist wichtig, Zeit mit Menschen zu verbringen, die Ihnen wichtig sind und die Ihnen ein Gefühl von Gemeinschaft und Zusammengehörigkeit geben. Das bedeutet nicht, dass Sie viel Geld ausgeben müssen, um Zeit mit Ihren Freunden und Ihrer Familie zu verbringen. Sie können auch kostenlose oder günstige Aktivitäten planen, wie z.B. gemeinsames Kochen, Picknicken oder Spieleabende.

5. Investieren Sie in Ihre Gesundheit

Eine gute Gesundheit ist ein wichtiger Faktor für ein erfülltes Leben. Investieren Sie in Ihre Gesundheit, indem Sie regelmäßig Sport treiben, eine ausgewogene Ernährung zu sich nehmen und sich Zeit für Entspannung und Selbstpflege nehmen. Gesundheitliche Probleme können teuer sein und zu finanziellen Schwierigkeiten führen, also ist es wichtig, in Ihre Gesundheit zu investieren, um langfristig Geld zu sparen.

6. Verwenden Sie Ihre Zeit effektiv

Effektives Zeitmanagement kann dazu beitragen, dass Sie
ein erfülltes Leben führen, ohne viel Geld auszugeben.
Planen Sie Ihre Zeit sorgfältig und priorisieren Sie die
Aktivitäten, die Ihnen wichtig sind. Vermeiden Sie
unnötige Zeitverschwendung, wie z.B. endlose Stunden
vor dem Fernseher oder in den sozialen Medien. Nutzen
Sie Ihre Zeit stattdessen für Aktivitäten, die Sie glücklich
machen oder Ihnen ein Gefühl der Erfüllung geben.

7. Seien Sie kreativ

Kreativität kann dazu beitragen, dass Sie ein erfülltes
Leben führen, ohne viel Geld auszugeben. Sie können
kreative Aktivitäten wie Malen, Schreiben oder Musik
machen, um Ihre Zeit auf eine sinnvolle Art und Weise zu
verbringen. Sie können auch kreativ sein, indem Sie neue
Wege finden, um alte Dinge zu verwenden oder indem
Sie Ihre eigenen Produkte herstellen, anstatt sie zu
kaufen.

8. Lernen Sie, zu schätzen, was Sie haben

Eine der wichtigsten Fähigkeiten im Frugalismus ist die
Fähigkeit, zu schätzen, was man hat. Lernen Sie, mit dem
zufrieden zu sein, was Sie haben, anstatt ständig nach
mehr zu streben. Schätzen Sie die Dinge, die Sie besitzen,
und konzentrieren Sie sich darauf, sie zu pflegen und zu
schützen, anstatt ständig nach neuen Dingen zu suchen.

Fazit

Ein frugales Leben zu führen bedeutet nicht
zwangsläufig, auf Freude und Erfüllung zu verzichten. Im

Gegenteil, Frugalismus kann dazu beitragen, dass Sie ein erfülltes Leben führen, das auf Ihre Werte und Bedürfnisse ausgerichtet ist. Konzentrieren Sie sich auf das, was wirklich wichtig ist, entdecken Sie kostenlose oder günstige Aktivitäten, machen Sie Erlebnisse zu einem Schwerpunkt, investieren Sie in Ihre Gesundheit, verwenden Sie Ihre Zeit effektiv, seien Sie kreativ und lernen Sie, zu schätzen, was Sie haben.

Wie man die psychologischen Aspekte des frugalen Lebens meistert

Der Übergang zu einem frugaleren Lebensstil kann mit psychologischen Herausforderungen verbunden sein, insbesondere wenn man zuvor ein Leben mit hohem Konsumniveau geführt hat. In diesem Kapitel werden wir einige der psychologischen Aspekte des frugalen Lebens untersuchen und Ihnen Tipps geben, wie Sie diese Aspekte meistern können.

1. Veränderung des Denkens

Eine der ersten Herausforderungen beim Übergang zu einem frugaleren Lebensstil ist die Veränderung des Denkens. Sie müssen sich von der Idee verabschieden, dass Konsum und materieller Besitz der Schlüssel zum Glück sind. Sie müssen lernen, Ihre Prioritäten zu überdenken und sich darauf zu konzentrieren, was wirklich wichtig ist. Versuchen Sie, Ihre Einstellung zu Geld und Besitztümern zu ändern und sich auf die Dinge zu konzentrieren, die Ihnen wirklich Freude bereiten.

2. Verzicht auf Gewohnheiten

Eine weitere psychologische Herausforderung beim frugalen Leben ist der Verzicht auf Gewohnheiten, die Sie zuvor hatten. Sie müssen lernen, sich von ungesunden Gewohnheiten zu verabschieden, die zu hohen Kosten und unnötigen Ausgaben führen können. Zum Beispiel können Sie versuchen, den Kauf von Fast Food zu reduzieren oder den täglichen Kauf von Kaffee oder anderen teuren Getränken zu vermeiden.

3. Überwindung sozialer Erwartungen

Eine weitere Herausforderung ist es, soziale Erwartungen zu überwinden und den Druck der Gesellschaft zu ignorieren, um ein Leben mit hohem Konsumniveau zu führen. Es kann schwierig sein, Freunde oder Familienmitglieder zu überzeugen, dass ein frugaler Lebensstil eine sinnvolle Wahl ist. Es ist wichtig, sich auf Ihre eigenen Werte zu konzentrieren und eine positive Einstellung gegenüber Ihrem Lebensstil zu haben, um sozialen Druck zu überwinden.

4. Umgang mit dem Gefühl des Verzichts

Ein frugalerer Lebensstil kann auch das Gefühl des Verzichts hervorrufen. Wenn Sie sich früher regelmäßig teure Dinge geleistet haben, kann es schwierig sein, auf diese Dinge zu verzichten. Es ist wichtig, sich daran zu erinnern, dass ein frugales Leben nicht bedeutet, auf Freude und Erfüllung zu verzichten. Konzentrieren Sie sich auf die Dinge, die Ihnen wirklich Freude bereiten und finden Sie kostengünstige Alternativen, die Ihnen helfen, auf teure Dinge zu verzichten.

5. Stärkung des Selbstbewusstseins

Eine positive Einstellung und ein starkes Selbstbewusstsein sind auch wichtige Aspekte, um die psychologischen Herausforderungen des frugalen Lebens zu meistern. Lernen Sie, stolz auf Ihre Entscheidungen zu sein und sich auf die Vorteile des frugalen Lebensstils zu konzentrieren. Eine starke und positive Einstellung kann

Ihnen helfen, mit den Herausforderungen umzugehen, die mit einem frugaleren Lebensstil einhergehen können.

Fazit

Der Übergang zu einem frugaleren Lebensstil kann mit psychologischen Herausforderungen verbunden sein, aber es ist wichtig, diese Herausforderungen zu meistern, um ein erfülltes und finanziell stabiles Leben zu führen. Verändern Sie Ihr Denken, überwinden Sie soziale Erwartungen, lernen Sie, mit dem Verzicht umzugehen und stärken Sie Ihr Selbstbewusstsein. Denken Sie daran, dass ein frugaler Lebensstil nicht bedeutet, auf Freude und Erfüllung zu verzichten. Konzentrieren Sie sich auf das, was wirklich wichtig ist, und finden Sie kostengünstige Alternativen, um weiterhin Freude und Erfüllung in Ihrem Leben zu erfahren. Indem Sie sich auf die Vorteile des frugalen Lebensstils konzentrieren und eine positive Einstellung haben, können Sie die psychologischen Herausforderungen des frugalen Lebens erfolgreich meistern.

Die Kunst des Verzichts: Wie man seine Bedürfnisse von seinen Wünschen unterscheidet

Die Kunst des Verzichts ist eine wichtige Fähigkeit im frugalen Leben. Es geht darum, Ihre Bedürfnisse von Ihren Wünschen zu unterscheiden und sich auf das zu konzentrieren, was wirklich wichtig ist. In diesem Kapitel werden wir Ihnen einige Tipps geben, wie Sie lernen können, Ihre Bedürfnisse von Ihren Wünschen zu unterscheiden und wie Sie erfolgreich auf Dinge verzichten können, die nicht unbedingt notwendig sind.

1. Machen Sie eine Liste Ihrer Bedürfnisse und Wünsche

Eine Möglichkeit, Ihre Bedürfnisse von Ihren Wünschen zu unterscheiden, ist die Erstellung einer Liste. Schreiben Sie eine Liste aller Dinge auf, die Sie benötigen, um ein erfülltes und glückliches Leben zu führen. Das können Dinge wie Nahrungsmittel, Kleidung, Unterkunft und medizinische Versorgung sein. Schreiben Sie dann eine separate Liste mit allen Dingen auf, die Sie gerne hätten, aber nicht unbedingt benötigen. Das können Dinge wie teure Kleidung, Elektronik oder Luxusgüter sein.

2. Konzentrieren Sie sich auf Ihre Bedürfnisse

Nachdem Sie Ihre Bedürfnisse und Wünsche aufgelistet haben, ist es wichtig, sich auf Ihre Bedürfnisse zu konzentrieren. Konzentrieren Sie sich auf die Dinge, die Sie benötigen, um ein glückliches und erfülltes Leben zu führen, und versuchen Sie, unnötige Ausgaben zu vermeiden. Stellen Sie sicher, dass Sie Ihre Grundbedürfnisse erfüllen, bevor Sie Geld für Dinge ausgeben, die nicht notwendig sind.

3. Überlegen Sie, warum Sie Dinge kaufen

Eine weitere Möglichkeit, Ihre Bedürfnisse von Ihren Wünschen zu unterscheiden, ist die Überlegung, warum Sie bestimmte Dinge kaufen. Stellen Sie sich die Frage, ob Sie diese Dinge wirklich benötigen oder ob Sie nur aus emotionalen Gründen kaufen. Überlegen Sie, ob Sie Dinge kaufen, um sich besser zu fühlen oder um Ihr Selbstwertgefühl zu steigern. Wenn Sie erkennen, dass Sie Dinge aus emotionalen Gründen kaufen, können Sie sich auf andere Aktivitäten konzentrieren, die Ihnen helfen, sich besser zu fühlen.

4. Vermeiden Sie Verschuldung

Eine der größten Herausforderungen beim Verzicht auf unnötige Dinge ist es, sich nicht zu verschulden. Wenn Sie sich Geld leihen, um unnötige Dinge zu kaufen, kann dies zu einer endlosen Schuldenspirale führen. Versuchen Sie, Ihre Finanzen im Blick zu behalten und stellen Sie sicher, dass Sie innerhalb Ihrer finanziellen Möglichkeiten bleiben.

5. Finden Sie alternative Wege, um Ihre Wünsche zu erfüllen

Schließlich ist es wichtig, alternative Wege zu finden, um Ihre Wünsche zu erfüllen, ohne unnötiges Geld auszugeben. Wenn Sie beispielsweise gerne ein neues Outfit hätten, können Sie versuchen, Secondhand-Läden oder Kleideraustauschpartys zu besuchen, anstatt teure

Kleidung zu kaufen. Wenn Sie gerne reisen möchten, können Sie in der Nebensaison reisen oder preisgünstige Unterkünfte suchen.

Fazit

Die Kunst des Verzichts ist eine wichtige Fähigkeit, die im frugalen Leben unerlässlich ist. Indem Sie Ihre Bedürfnisse von Ihren Wünschen unterscheiden und sich auf das Wesentliche konzentrieren, können Sie Geld sparen und ein erfüllteres Leben führen. Die Erstellung von Listen und das Überdenken Ihrer Einkäufe können Ihnen helfen, unnötige Ausgaben zu vermeiden und Ihre Finanzen im Blick zu behalten. Es ist auch wichtig, alternative Wege zu finden, um Ihre Wünsche zu erfüllen, ohne unnötiges Geld auszugeben. Wenn Sie erfolgreich auf Dinge verzichten können, die nicht notwendig sind, können Sie Ihre finanzielle Situation verbessern und ein erfülltes Leben führen.

Wie man seine Einstellung zum Geld ändert, um frugal zu werden

Eine der grundlegenden Voraussetzungen, um frugal zu leben, ist eine Veränderung Ihrer Einstellung zum Geld. Die Art und Weise, wie Sie über Geld denken und wie Sie es verwenden, beeinflusst maßgeblich Ihre finanzielle Situation und Ihre Fähigkeit, ein erfülltes Leben zu führen. In diesem Kapitel werden wir Ihnen einige Tipps geben, wie Sie Ihre Einstellung zum Geld ändern und ein frugales Leben führen können.

1. Identifizieren Sie Ihre negativen Einstellungen zum Geld

Der erste Schritt bei der Änderung Ihrer Einstellung zum Geld besteht darin, Ihre negativen Einstellungen zu identifizieren. Negative Einstellungen zum Geld können dazu führen, dass Sie unangemessene Ausgaben tätigen oder Geld verschwenden. Fragen Sie sich, welche Einstellungen Sie möglicherweise beeinträchtigen könnten, wie zum Beispiel "Ich muss immer das Neueste haben" oder "Ich gebe Geld aus, um anderen zu imponieren". Wenn Sie diese negativen Einstellungen erkennen, können Sie daran arbeiten, sie zu überwinden.

2. Überlegen Sie sich Ihre Prioritäten

Eine weitere Möglichkeit, Ihre Einstellung zum Geld zu ändern, besteht darin, Ihre Prioritäten zu überdenken. Überlegen Sie, was Ihnen im Leben wirklich wichtig ist und welche Dinge Sie glücklich machen. Konzentrieren Sie sich auf die Dinge, die Ihnen am meisten bedeuten, und vermeiden Sie unnötige Ausgaben für Dinge, die Sie nicht wirklich benötigen.

3. Setzen Sie sich klare Ziele

Wenn Sie sich klare Ziele setzen, können Sie sich auf Ihre finanziellen Prioritäten konzentrieren und Ihre Einstellung zum Geld ändern. Überlegen Sie, was Sie finanziell erreichen möchten, sei es die Tilgung von Schulden, der Aufbau eines Notfallfonds oder die Planung für die Zukunft. Durch die Festlegung von Zielen und die Konzentration auf Ihre finanziellen Prioritäten können Sie unnötige Ausgaben vermeiden und Ihre Einstellung zum Geld ändern.

4. Schaffen Sie ein Budget

Ein Budget kann Ihnen helfen, Ihre Finanzen im Blick zu behalten und Ihre Ausgaben zu kontrollieren. Durch die Erstellung eines Budgets können Sie Ihre finanziellen Ziele erreichen und Ihre Einstellung zum Geld ändern. Stellen Sie sicher, dass Sie Ihre Einnahmen und Ausgaben regelmäßig überprüfen, um sicherzustellen, dass Sie innerhalb Ihres Budgets bleiben.

5. Vermeiden Sie Schulden

Schulden können Ihre finanzielle Situation belasten und dazu führen, dass Sie unangemessene Ausgaben tätigen. Versuchen Sie, Schulden zu vermeiden oder diese so schnell wie möglich abzuzahlen. Wenn Sie Schulden haben, konzentrieren Sie sich auf die Tilgung der höchstverzinslichen Schulden zuerst, um Zinszahlungen zu minimieren und schneller Schuldenfrei zu werden.

Fazit

Eine Änderung Ihrer Einstellung zum Geld ist ein wichtiger Schritt, um frugal zu werden. Indem Sie Ihre negativen Einstellungen identifizieren, sich auf Ihre Prioritäten konzentrieren, klare Ziele setzen, ein Budget erstellen und Schulden vermeiden, können Sie Ihre Einstellung zum Geld ändern und ein frugales Leben führen. Es ist jedoch wichtig zu beachten, dass die Änderung Ihrer Einstellung zum Geld ein Prozess ist, der Zeit und Geduld erfordert. Es erfordert auch Selbstdisziplin und die Bereitschaft, auf Dinge zu verzichten, die nicht notwendig sind.

Wie man mit frugalem Leben ein erfüllendes soziales Leben führen kann

Frugal zu leben bedeutet nicht zwangsläufig, dass Sie auf ein erfüllendes soziales Leben verzichten müssen. Im Gegenteil, durch ein bewusstes und gezieltes Vorgehen können Sie eine Vielzahl von Möglichkeiten nutzen, um ein erfülltes soziales Leben zu führen, ohne Ihr Budget zu sprengen.

1. Freunde und Familie

Freunde und Familie sind die wichtigsten Säulen eines erfüllten sozialen Lebens. Sie sind eine Quelle von Freude, Unterstützung und Inspiration. Es ist wichtig, Ihre Freundschaften zu pflegen und in regelmäßigem Kontakt zu bleiben. Dazu gehören regelmäßige Telefonate, Chats, Videokonferenzen und Treffen in Person. Es muss nicht immer ein teures Restaurant oder ein Ausflug sein. Sie können auch gemeinsam kochen, einen Filmabend zu Hause veranstalten oder gemeinsam spazieren gehen.

2. Gemeinschaftsveranstaltungen

Gemeinschaftsveranstaltungen wie Stadtfeste, Messen, Konzerte und lokale Veranstaltungen sind oft kostenlos oder kosten nur wenig. Sie sind eine großartige Möglichkeit, um sich mit anderen Menschen zu treffen und neue Kontakte zu knüpfen. Es lohnt sich, die Veranstaltungen in Ihrer Stadt oder Gemeinde im Voraus zu planen, damit Sie das Beste aus Ihrer Zeit und Ihrem Budget herausholen können.

3. Clubs und Gruppen

Clubs und Gruppen bieten eine hervorragende Möglichkeit, um Ihre Interessen und Hobbys mit anderen zu teilen. Es gibt eine Vielzahl von Clubs und Gruppen, die auf alles von Wandern und Radfahren bis hin zu Kochen und Schachspielen spezialisiert sind. Die Teilnahme an diesen Clubs und Gruppen kann eine großartige Möglichkeit sein, um neue Freunde zu finden und Ihre sozialen Fähigkeiten zu verbessern.

4. Freiwilligenarbeit

Freiwilligenarbeit ist eine großartige Möglichkeit, um anderen zu helfen und gleichzeitig neue Freunde zu finden. Es gibt eine Vielzahl von Organisationen, die Freiwillige benötigen, darunter Tierschutzorganisationen, Seniorenzentren, Wohltätigkeitsorganisationen und lokale Gemeinschaftsorganisationen. Die Freiwilligenarbeit bietet auch die Möglichkeit, neue Fähigkeiten zu erlernen und sich weiterzubilden.

5. Social Media

Social Media bietet eine Vielzahl von Möglichkeiten, um mit anderen Menschen in Kontakt zu treten und Kontakte zu knüpfen. Sie können sich Gruppen anschließen, die auf Ihre Interessen und Hobbys spezialisiert sind, und sich mit anderen Menschen austauschen. Es ist jedoch wichtig zu beachten, dass Social Media auch seine Tücken haben kann. Es ist wichtig, sicherzustellen, dass Sie Ihre Privatsphäre schützen und vorsichtig sind, wenn

Sie mit Menschen in Kontakt treten, die Sie online kennengelernt haben.

Insgesamt gibt es eine Vielzahl von Möglichkeiten, um ein erfülltes soziales Leben zu führen, ohne Ihr Budget zu sprengen. Indem Sie Ihre Freundschaften pflegen, an Gemeinschaftsveranstaltungen teilnehmen, sich Clubs und Gruppen anschließen, Freiwilligenarbeit leisten und Social Media nutzen, können Sie Ihre sozialen Fähigkeiten verbessern und ein erfüllendes soziales Leben führen. Es ist jedoch wichtig, darauf zu achten, dass Sie nicht zu viel Zeit und Geld in Ihr soziales Leben investieren und Ihre finanziellen Ziele aus den Augen verlieren. Es ist auch wichtig, dass Sie sich auf Aktivitäten konzentrieren, die für Sie persönlich bedeutsam und bereichernd sind, anstatt einfach nur aus sozialem Druck an Aktivitäten teilzunehmen.

Wie man sich von Konsumzwängen lösen und ein bewusster Konsument werden kann

In unserer heutigen Gesellschaft wird uns oft gesagt, dass wir immer mehr brauchen und dass unser Wert als Mensch an dem gemessen wird, was wir besitzen. Dies führt oft dazu, dass wir in den Konsumzwang geraten und Dinge kaufen, die wir nicht wirklich brauchen oder uns leisten können. Es ist jedoch möglich, sich von diesem Konsumzwang zu lösen und ein bewusster Konsument zu werden.

1. Identifizieren Sie Ihre Bedürfnisse und Wünsche

Der erste Schritt, um sich von Konsumzwängen zu lösen, besteht darin, Ihre Bedürfnisse von Ihren Wünschen zu unterscheiden. Bedürfnisse sind Dinge, die Sie zum Leben brauchen, wie Nahrung, Kleidung und Unterkunft. Wünsche sind Dinge, die Sie möchten, aber nicht unbedingt brauchen, wie ein neues Auto oder ein teures Abendessen in einem Restaurant.

2. Setzen Sie Prioritäten

Sobald Sie Ihre Bedürfnisse und Wünsche identifiziert haben, ist es wichtig, Prioritäten zu setzen. Konzentrieren Sie sich auf die Dinge, die Ihnen wichtig sind und die Sie wirklich brauchen. Verzichten Sie auf Dinge, die nicht notwendig sind und die Ihre finanziellen Ziele oder Ihre Umweltziele beeinträchtigen können.

3. Planen Sie Ihre Einkäufe

Indem Sie Ihre Einkäufe planen, können Sie vermeiden, dass Sie spontan Dinge kaufen, die Sie nicht brauchen oder sich nicht leisten können. Legen Sie ein Budget fest und machen Sie eine Liste von den Dingen, die Sie wirklich brauchen. Stellen Sie sicher, dass Sie vor dem Einkaufen immer eine Pause einlegen, um zu überlegen, ob der Kauf wirklich notwendig ist.

4. Kaufen Sie nachhaltig

Ein bewusster Konsument zu sein bedeutet auch, auf Nachhaltigkeit zu achten. Kaufen Sie Dinge, die langlebig sind und repariert werden können, anstatt sie nach einer kurzen Zeit wegzuwerfen. Vermeiden Sie Produkte, die nicht biologisch abbaubar sind oder die Umwelt belasten.

5. Vermeiden Sie Verschwendung

Indem Sie Dinge wiederverwenden und recyceln, können Sie dazu beitragen, die Umweltbelastung zu reduzieren und Geld zu sparen. Vermeiden Sie es, Dinge wegzuwerfen, die noch funktionieren oder die Sie reparieren können. Versuchen Sie, Ihre Einkäufe auf das Wesentliche zu beschränken und vermeiden Sie Überflüssiges.

Insgesamt ist es möglich, sich von Konsumzwängen zu lösen und ein bewusster Konsument zu werden. Indem Sie Ihre Bedürfnisse und Wünsche identifizieren, Prioritäten setzen, Ihre Einkäufe planen, nachhaltig kaufen und Verschwendung vermeiden, können Sie ein erfülltes Leben führen und gleichzeitig die Umwelt schonen.

Wie man eine frugale Arbeitsethik entwickelt

Eine frugale Arbeitsethik bedeutet, dass Sie sich auf effektives und effizientes Arbeiten konzentrieren, während Sie gleichzeitig kluge finanzielle Entscheidungen treffen. Hier sind einige Schritte, die Sie unternehmen können, um eine frugale Arbeitsethik zu entwickeln:

1. Planen Sie Ihre Arbeit

Indem Sie Ihre Arbeit planen und strukturieren, können Sie Zeit und Geld sparen. Erstellen Sie eine To-Do-Liste und planen Sie, welche Aufgaben Sie zuerst erledigen möchten. Konzentrieren Sie sich auf die wichtigsten Aufgaben und vermeiden Sie Ablenkungen, die Ihre Arbeit verzögern können.

2. Nutzen Sie vorhandene Ressourcen

Eine frugale Arbeitsethik bedeutet auch, vorhandene Ressourcen zu nutzen, anstatt immer wieder neue Ressourcen zu erwerben. Verwenden Sie vorhandene Arbeitsmittel und Büromaterialien, anstatt immer wieder neue zu kaufen. Nutzen Sie auch die vorhandene Infrastruktur und Technologie, um Ihre Arbeit effizienter zu gestalten.

3. Arbeiten Sie effektiv

Eine effektive Arbeitsweise ist ein wichtiger Bestandteil einer frugalen Arbeitsethik. Konzentrieren Sie sich auf

Ihre Arbeit und vermeiden Sie Ablenkungen wie soziale Medien oder unnötige Gespräche. Nutzen Sie Ihre Zeit effektiv, um Ihre Arbeit schneller und effizienter zu erledigen.

4. Investieren Sie in Ihre Fähigkeiten

Eine frugale Arbeitsethik bedeutet auch, in Ihre Fähigkeiten zu investieren, um Ihre Arbeit besser und effektiver zu erledigen. Nehmen Sie an Schulungen und Weiterbildungen teil, um Ihre Fähigkeiten zu verbessern und neue Fähigkeiten zu erlernen. Indem Sie in sich selbst investieren, können Sie langfristig Zeit und Geld sparen.

5. Arbeiten Sie smart, nicht hart

Eine frugale Arbeitsethik bedeutet auch, smart zu arbeiten, anstatt hart zu arbeiten. Konzentrieren Sie sich auf die wichtigsten Aufgaben und vermeiden Sie übermäßige Arbeitsbelastung. Planen Sie Ihre Arbeit so, dass Sie genügend Zeit haben, um sich zu erholen und Ihre Arbeitszeit zu optimieren.

6. Setzen Sie kluge finanzielle Ziele

Eine frugale Arbeitsethik bedeutet auch, kluge finanzielle Ziele zu setzen und diese zu erreichen. Legen Sie ein Budget fest und sparen Sie regelmäßig, um finanzielle Ziele zu erreichen, wie zum Beispiel ein neues Auto oder eine Reise. Indem Sie kluge finanzielle Entscheidungen treffen, können Sie langfristig Zeit und Geld sparen.

Insgesamt ist eine frugale Arbeitsethik eine effektive Möglichkeit, Zeit und Geld zu sparen, während Sie effektiv und effizient arbeiten. Indem Sie Ihre Arbeit planen, vorhandene Ressourcen nutzen, effektiv arbeiten, in Ihre Fähigkeiten investieren, smart arbeiten, kluge finanzielle Ziele setzen und erreichen, können Sie eine frugale Arbeitsethik entwickeln und langfristig erfolgreich sein.

Wie man ein frugales Unternehmen führt

Das Führen eines frugalen Unternehmens bedeutet, Ressourcen effektiv und effizient zu nutzen, um Kosten zu senken und langfristig erfolgreich zu sein. Hier sind einige Schritte, die Sie unternehmen können, um ein frugales Unternehmen zu führen:

1. Planen Sie Ihre Ausgaben

Um ein frugales Unternehmen zu führen, müssen Sie Ihre Ausgaben sorgfältig planen und überwachen. Erstellen Sie ein Budget und überwachen Sie Ihre Ausgaben regelmäßig, um sicherzustellen, dass Sie innerhalb Ihres Budgets bleiben. Konzentrieren Sie sich auf die wichtigsten Ausgaben und vermeiden Sie unnötige Ausgaben, die Ihre Kosten erhöhen könnten.

2. Nutzen Sie vorhandene Ressourcen

Eine frugale Unternehmensführung bedeutet auch, vorhandene Ressourcen zu nutzen, anstatt immer wieder neue Ressourcen zu erwerben. Verwenden Sie vorhandene Arbeitsmittel und Büromaterialien, anstatt immer wieder neue zu kaufen. Nutzen Sie auch die vorhandene Infrastruktur und Technologie, um Ihre Arbeitsabläufe effizienter zu gestalten.

3. Reduzieren Sie Ihre Betriebskosten

Ein wichtiger Bestandteil der frugalen Unternehmensführung ist die Reduzierung Ihrer

Betriebskosten. Überprüfen Sie regelmäßig Ihre laufenden Kosten, wie beispielsweise Miete, Strom, Wasser und Heizung, und suchen Sie nach Möglichkeiten, um diese Kosten zu senken. Vermeiden Sie auch unnötige Ausgaben wie Überstunden und unnötige Reisen.

4. Automatisieren Sie Ihre Arbeitsabläufe

Eine effektive Möglichkeit, Ihre Betriebskosten zu senken, ist die Automatisierung Ihrer Arbeitsabläufe. Verwenden Sie Technologie, um manuelle Arbeitsprozesse zu automatisieren und Zeit und Geld zu sparen. Automatisieren Sie beispielsweise Ihre Buchhaltung, indem Sie Buchhaltungssoftware verwenden, anstatt einen Buchhalter einzustellen.

5. Investieren Sie in Ihre Mitarbeiter

Eine frugale Unternehmensführung bedeutet auch, in Ihre Mitarbeiter zu investieren, um ihre Leistung zu verbessern. Bieten Sie Schulungen und Weiterbildungen an, um die Fähigkeiten und Kompetenzen Ihrer Mitarbeiter zu verbessern. Indem Sie in Ihre Mitarbeiter investieren, können Sie die Effizienz und Effektivität Ihrer Arbeitsabläufe verbessern.

6. Vermeiden Sie Verschwendung

Eine wichtige Komponente der frugalen Unternehmensführung ist die Vermeidung von Verschwendung. Vermeiden Sie unnötige Ausgaben und verschwenden Sie keine Ressourcen. Identifizieren Sie Bereiche, in denen Sie Verschwendung reduzieren können, wie zum Beispiel bei der Energie- oder

Rohstoffnutzung, und suchen Sie nach effektiven Lösungen.

7. Setzen Sie klare Ziele

Um langfristig erfolgreich zu sein, ist es wichtig, klare Ziele zu setzen und diese zu erreichen. Legen Sie realistische Ziele fest und entwickeln Sie Strategien, um diese Ziele zu erreichen. Überwachen Sie Ihre Fortschritte regelmäßig und passen Sie Ihre Strategien an, um sicherzustellen, dass Sie Ihre Ziele erreichen.

Insgesamt ist die frugale Unternehmensführung eine effektive Methode, um Kosten zu senken und langfristig erfolgreich zu sein. Indem Sie vorhandene Ressourcen nutzen, Ihre Betriebskosten reduzieren, Arbeitsabläufe automatisieren, in Mitarbeiter investieren und Verschwendung vermeiden, können Sie effizienter arbeiten und Ressourcen sparen.

Darüber hinaus können frugale Unternehmen oft auch ökologischer sein. Durch die Reduzierung von Verschwendung und unnötigen Ausgaben können Unternehmen ihre Umweltauswirkungen verringern und nachhaltiger arbeiten.

Allerdings kann es schwierig sein, eine frugale Unternehmenskultur zu etablieren, insbesondere wenn die Mitarbeiter nicht bereit sind, ihre Arbeitsweise zu ändern. Um erfolgreich zu sein, muss die frugale Kultur von der Führungsebene vermittelt werden und von allen Mitarbeitern unterstützt werden.

Eine frugale Unternehmenskultur kann auch Vorteile für das Image des Unternehmens haben, da Verbraucher und

Investoren zunehmend nachhaltigere und verantwortungsvollere Unternehmen suchen. Durch die Einführung von frugaler Unternehmensführung können Unternehmen ihre Effizienz steigern, Kosten senken und gleichzeitig ihr Engagement für Umwelt und Nachhaltigkeit demonstrieren.

Zusammenfassend ist die frugale Unternehmensführung eine effektive Methode, um Kosten zu senken und nachhaltiger zu arbeiten. Durch die Nutzung vorhandener Ressourcen, Reduzierung von Betriebskosten, Automatisierung von Arbeitsabläufen, Investition in Mitarbeiter und Vermeidung von Verschwendung können Unternehmen ihre Effizienz und Effektivität steigern und langfristig erfolgreich sein.

Wie man mit frugalem Leben eine erfüllende Karriere aufbauen kann

Eine Karriere aufzubauen, die nicht nur finanziell erfolgreich, sondern auch erfüllend ist, kann eine Herausforderung sein. Frugalismus kann jedoch eine effektive Methode sein, um Ihre Karriere auf eine Weise zu gestalten, die sowohl Ihre persönlichen Ziele als auch Ihre finanziellen Bedürfnisse erfüllt.

Hier sind einige Schritte, die Sie unternehmen können, um mit frugalem Leben eine erfüllende Karriere aufzubauen:

1.   Identifizieren Sie Ihre Karriereziele

Um eine erfüllende Karriere aufzubauen, müssen Sie zuerst Ihre Karriereziele identifizieren. Denken Sie darüber nach, was Sie erreichen möchten, welche Fähigkeiten und Erfahrungen Sie benötigen und welche Schritte Sie unternehmen müssen, um Ihre Ziele zu erreichen.

2.   Entwickeln Sie eine Strategie

Sobald Sie Ihre Karriereziele identifiziert haben, entwickeln Sie eine Strategie, um diese Ziele zu erreichen. Überlegen Sie, welche Schritte Sie unternehmen müssen, um Ihre Fähigkeiten und Erfahrungen zu verbessern und welche Netzwerke und Verbindungen Sie benötigen, um Ihre Karriere voranzutreiben.

3. Nutzen Sie vorhandene Ressourcen

Eine frugale Karriereplanung bedeutet auch, vorhandene Ressourcen zu nutzen, anstatt immer wieder neue Ressourcen zu erwerben. Nutzen Sie vorhandene Kontakte und Netzwerke, um Ihre Karriere voranzutreiben. Verwenden Sie auch vorhandene Arbeitsmittel und Büromaterialien, anstatt immer wieder neue zu kaufen.

4. Konzentrieren Sie sich auf die wichtigsten Aufgaben

Um Ihre Karriere voranzutreiben, müssen Sie sich auf die wichtigsten Aufgaben konzentrieren und unnötige Ablenkungen vermeiden. Identifizieren Sie, welche Aufgaben am wichtigsten sind und welche Schritte Sie unternehmen müssen, um diese Aufgaben effektiv zu erledigen.

5. Investieren Sie in Ihre Fähigkeiten und Erfahrungen

Eine frugale Karriereplanung bedeutet auch, in Ihre Fähigkeiten und Erfahrungen zu investieren, um Ihre Karriere voranzutreiben. Bieten Sie Schulungen und Weiterbildungen an, um Ihre Fähigkeiten und Kompetenzen zu verbessern. Nutzen Sie auch vorhandene Möglichkeiten, um neue Fähigkeiten und Erfahrungen zu erwerben.

6. Nutzen Sie Technologie

Technologie kann eine effektive Möglichkeit sein, um Ihre Karriere voranzutreiben und Ihre Effizienz zu steigern. Verwenden Sie Technologie, um manuelle Arbeitsprozesse zu automatisieren und Zeit und Geld zu sparen. Nutzen Sie auch Online-Plattformen, um Ihre Karriere voranzutreiben und neue Verbindungen zu knüpfen.

7. Seien Sie kreativ

Eine frugale Karriereplanung erfordert auch Kreativität und Flexibilität. Seien Sie offen für neue Möglichkeiten und suchen Sie nach unkonventionellen Lösungen. Nutzen Sie Ihre kreativen Fähigkeiten, um Ihre Karriere voranzutreiben und neue Möglichkeiten zu erkunden.

Insgesamt kann frugales Leben eine effektive Methode sein, um eine erfüllende Karriere aufzubauen. Durch die Identifizierung Ihrer Karriereziele, Entwicklung einer Strategie, Nutzung vorhandener Ressourcen, Konzentration auf die wichtigsten Aufgaben, Investition in Ihre Fähigkeiten und Erfahrungen, Nutzung von Technologie und Kreativität können Sie Ihre Karriere vorantreiben und dabei auch noch Geld sparen.

Darüber hinaus kann frugales Leben auch Ihre Karriereentwicklung beeinflussen, indem es Ihre finanzielle Stabilität und Unabhängigkeit erhöht. Durch die Vermeidung unnötiger Ausgaben können Sie mehr Geld sparen, um Ihre Karriereziele zu unterstützen und unabhängiger von finanziellen Zwängen zu sein.

Jedoch ist es wichtig, frugales Leben nicht auf Kosten Ihrer Karriere zu betreiben. Sie sollten weiterhin in ld Weiterbildungen investieren und auch keiten und Verbindungen knüpfen, um Ihre izutreiben. Frugales Leben kann eine effektive Methode sein, um Ihre Karriereziele zu erreichen, aber es sollte nicht zu Lasten Ihrer Karriereentwicklung gehen.

Zusammenfassend kann frugales Leben eine effektive Methode sein, um eine erfüllende Karriere aufzubauen. Durch die Identifizierung Ihrer Karriereziele, Entwicklung einer Strategie, Nutzung vorhandener Ressourcen, Konzentration auf die wichtigsten Aufgaben, Investition in Ihre Fähigkeiten und Erfahrungen, Nutzung von Technologie und Kreativität können Sie Ihre Karriere vorantreiben und dabei auch noch Geld sparen. Frugales Leben kann auch dazu beitragen, Ihre finanzielle Stabilität und Unabhängigkeit zu erhöhen, aber es sollte nicht auf Kosten Ihrer Karriereentwicklung betrieben werden.

Wie man mit einem minimalistischen Lebenstil reist

Reisen kann eine wunderbare Gelegenheit sein, um neue Erfahrungen zu sammeln und sich zu erholen. Allerdings kann Reisen auch teuer und verschwenderisch sein, insbesondere wenn Sie in luxuriösen Hotels übernachten und teure Restaurants besuchen. Ein minimalistischer Lebensstil kann eine effektive Methode sein, um Ihre Reisekosten zu senken und dennoch eine erfüllende und bereichernde Reise zu erleben.

Hier sind einige Tipps, wie Sie mit einem minimalistischen Lebensstil reisen können:

1. Planen Sie im Voraus

Eine sorgfältige Planung im Voraus kann dazu beitragen, Ihre Reisekosten zu senken. Suchen Sie nach günstigen Flügen und Unterkünften, bevor Sie Ihre Reise buchen. Überlegen Sie, welche Aktivitäten und Sehenswürdigkeiten Sie besuchen möchten und planen Sie Ihre Reise entsprechend.

2. Reisen Sie mit leichtem Gepäck

Ein minimalistischer Lebensstil bedeutet auch, mit leichtem Gepäck zu reisen. Vermeiden Sie es, zu viele Kleidungsstücke oder unnötige Gegenstände mitzunehmen, um Platz und Gewicht zu sparen. Eine geringere Menge an Gepäck erleichtert auch das Reisen, da Sie weniger zu tragen haben und flexibler sind.

3. Wählen Sie eine einfache Unterkunft

Anstatt in teuren Hotels zu übernachten, wählen Sie eine einfache Unterkunft, wie zum Beispiel ein Hostel oder eine Ferienwohnung. Diese Unterkünfte sind in der Regel kostengünstiger und bieten dennoch ausreichend Komfort für eine erholsame Nacht. Darüber hinaus können Sie lokale Hostels und Ferienwohnungen nutzen, um neue Leute kennenzulernen und die Kultur des Reiseziels besser kennenzulernen.

4. Essen Sie lokal und einfach

Eine minimalistische Lebensweise bedeutet auch, einfach und lokal zu essen. Vermeiden Sie teure Restaurants und wählen Sie stattdessen lokale Gerichte und Imbisse. Probieren Sie lokale Spezialitäten und lernen Sie die Esskultur des Reiseziels kennen. Das Essen von einfachen, lokal hergestellten Lebensmitteln kann auch dazu beitragen, Ihre Reisekosten zu senken.

5. Nutzen Sie öffentliche Verkehrsmittel

Anstatt ein teures Taxi zu nehmen oder ein Auto zu mieten, nutzen Sie öffentliche Verkehrsmittel, um sich fortzubewegen. Busse, U-Bahnen und Züge sind in der Regel kostengünstiger und bieten eine umweltfreundlichere Art der Fortbewegung. Sie können auch Fahrräder mieten oder zu Fuß gehen, um Ihre Umgebung besser kennenzulernen.

6. Konzentrieren Sie sich auf kostenlose Aktivitäten

Es gibt viele kostenlose Aktivitäten, die Sie auf Ihrer Reise genießen können, wie zum Beispiel Spaziergänge in der Natur, Besichtigung von Sehenswürdigkeiten, Besuch von lokalen Festen und Märkten. Konzentrieren Sie sich auf diese Aktivitäten, um Ihre Reisekosten zu senken und dennoch eine erfüllende Erfahrung zu haben.

7. Vermeiden Sie Touristenfallen

Touristenfallen sind oft teuer und bieten wenig Wert für das Geld, das Sie ausgeben. Vermeiden Sie solche Orte und wählen Sie stattdessen lokale Unternehmen und Aktivitäten, die authentisch und kostengünstiger sind. Sprechen Sie mit Einheimischen und informieren Sie sich über lokale Veranstaltungen, um einzigartige und erschwingliche Erfahrungen zu erleben.

8. Vermeiden Sie teure Souvenirs

Souvenirs können eine schöne Erinnerung an Ihre Reise sein, können aber auch teuer sein. Vermeiden Sie es, unnötige Souvenirs zu kaufen und wählen Sie stattdessen lokale Handwerkskunst oder Produkte, die Sie tatsächlich verwenden können. Kaufen Sie zum Beispiel lokale Gewürze oder Lebensmittel, die Sie zu Hause verwenden können.

9. Nehmen Sie sich Zeit

Eine minimalistische Lebensweise kann Ihnen auch dabei helfen, Zeit während Ihrer Reise zu sparen. Nehmen Sie sich Zeit, um Ihre Umgebung wirklich zu erleben und sich auf die Dinge zu konzentrieren, die Ihnen wirklich wichtig sind. Vermeiden Sie es, sich zu sehr auf einen straffen Zeitplan zu konzentrieren, und lassen Sie sich Zeit, um neue Orte zu entdecken und Erinnerungen zu sammeln.

Zusammenfassend lässt sich sagen, dass ein minimalistischer Lebensstil Ihnen dabei helfen kann, Ihre Reisekosten zu senken und dennoch eine erfüllende Reise zu erleben. Indem Sie sich auf das Wesentliche konzentrieren und unnötige Ausgaben vermeiden, können Sie Ihre Reiseerfahrung verbessern und gleichzeitig Geld sparen.

Wie man die Vorteile des frugalen Lebens mit Familie und Kindern teilt

Frugalismus und Minimalismus sind Lebensstile, die sich auch auf das Familienleben auswirken können. Wenn Sie eine Familie mit Kindern haben, kann es schwierig sein, die Vorteile des frugalen Lebensstils zu teilen und gleichzeitig sicherzustellen, dass alle Familienmitglieder glücklich und erfüllt sind. In diesem Kapitel werden wir besprechen, wie Sie als Familie von einem frugalen Lebensstil profitieren und wie Sie Ihre Kinder in diesen Lebensstil einbeziehen können.

1. Reduzierung von Ausgaben

Ein frugaler Lebensstil kann helfen, Ausgaben zu reduzieren und Geld zu sparen. Eine Familie kann durch das Reduzieren unnötiger Ausgaben wie Restaurantbesuche, Kabelgebühren oder teurer Unterhaltungsaktivitäten Geld sparen. Indem Sie sich auf das Wesentliche konzentrieren und unnötige Ausgaben vermeiden, können Sie als Familie Ihre finanzielle Situation verbessern und gleichzeitig ein gesundes finanzielles Bewusstsein bei Ihren Kindern aufbauen.

2. Gemeinsame Aktivitäten

Ein frugaler Lebensstil kann auch dazu führen, dass die Familie mehr Zeit miteinander verbringt und gemeinsame Aktivitäten genießt. Die Zeit, die Sie als Familie verbringen, ist kostbar und kann dazu beitragen, die Beziehung zwischen Ihnen und Ihren Kindern zu stärken.

Gemeinsame Aktivitäten können auch dazu beitragen, dass sich Ihre Kinder zuversichtlich und sicher fühlen.

3. Bewusstsein für Umwelt und Nachhaltigkeit

Ein weiterer Vorteil des frugalen Lebensstils ist das Bewusstsein für Umwelt und Nachhaltigkeit. Indem Sie sich auf das Wesentliche konzentrieren und unnötige Ausgaben vermeiden, können Sie auch den Verbrauch von Ressourcen reduzieren und die Umwelt schonen. Kinder lernen durch das Beispiel ihrer Eltern und können ein Bewusstsein für Umwelt- und Nachhaltigkeitsfragen entwickeln, das ihnen in ihrem späteren Leben von Nutzen sein wird.

4. Erschwingliche Bildung

Frugalismus kann auch helfen, Bildung erschwinglicher zu machen. In vielen Fällen sind Schulgebühren, Nachhilfeunterricht und andere Bildungskosten sehr hoch. Durch die Reduzierung von Ausgaben in anderen Bereichen können Sie als Familie möglicherweise mehr Geld für Bildung ausgeben und gleichzeitig sicherstellen, dass Ihre Kinder eine qualitativ hochwertige Bildung erhalten.

5. Kreativität und Fantasie fördern

Ein frugaler Lebensstil kann dazu beitragen, die Kreativität und Fantasie von Kindern zu fördern. Indem Sie sich auf einfache Aktivitäten konzentrieren, wie beispielsweise Basteln, Lesen oder im Freien spielen, können Kinder ihre Kreativität und Fantasie nutzen und lernen, wie man Spaß haben kann, ohne viel Geld auszugeben. Dies kann auch dazu beitragen, dass Ihre

Kinder eine gesunde Einstellung zu Geld und Konsum entwickeln.

6. Einbeziehung der Kinder

Es ist wichtig, Ihre Kinder in den frugalen Lebensstil einzubeziehen. Indem Sie ihnen erklären, warum es wichtig ist, Ausgaben zu reduzieren, können Sie sie in Ihre finanzielle Situation einbeziehen und ihnen beibringen, wie man ein bewusstes finanzielles Verhalten zeigt. Hier sind einige Möglichkeiten, wie Sie Ihre Kinder in den frugalen Lebensstil einbeziehen können:

- Planung von Mahlzeiten: Planen Sie gemeinsam mit Ihren Kindern Mahlzeiten und erstellen Sie eine Einkaufsliste. Indem Sie sie in den Prozess einbeziehen, lernen sie, wie man Lebensmittelverschwendung reduziert und Geld spart.
- Gebraucht kaufen: Ermutigen Sie Ihre Kinder, Second-Hand-Läden oder Flohmärkte zu besuchen, um günstige und hochwertige Kleidung, Bücher und Spielsachen zu finden.
- Gemeinsame Aktivitäten: Suchen Sie nach kostenlosen oder günstigen Aktivitäten in Ihrer Gemeinde, wie zum Beispiel kostenlose Konzerte oder öffentliche Parks. Ermutigen Sie Ihre Kinder, an diesen Aktivitäten teilzunehmen und kreative Wege zu finden, um Spaß zu haben.
- DIY-Projekte: Ermutigen Sie Ihre Kinder, DIY-Projekte zu starten und Dinge wie Möbel oder Dekorationen selbst herzustellen. Dies fördert ihre Kreativität und ermöglicht es ihnen, etwas Neues zu lernen.

- Verantwortliches Sparen: Erklären Sie Ihren Kindern die Bedeutung von Sparzielen und helfen Sie ihnen, ihr Geld zu verwalten. Indem Sie ihnen beibringen, wie man spart und Budgets erstellt, können Sie ihnen eine solide finanzielle Grundlage für ihre Zukunft geben.

Insgesamt kann ein frugaler Lebensstil eine positive Auswirkung auf Ihre Familie und Ihre Kinder haben. Es kann helfen, Ihre finanzielle Situation zu verbessern, die Umwelt zu schonen, Kreativität und Fantasie zu fördern und Ihren Kindern eine solide finanzielle Grundlage zu geben. Indem Sie Ihre Kinder in den frugalen Lebensstil einbeziehen und ihnen zeigen, wie man bewusst mit Geld umgeht, können Sie ihnen helfen, eine positive Einstellung zum Geld und zum Konsum zu entwickeln, die ihnen ein Leben lang von Nutzen sein wird.

Wie man ein frugales Leben in der Stadt führt

Ein frugales Leben in der Stadt kann eine Herausforderung sein, da die Lebenshaltungskosten in städtischen Gebieten oft höher sind als in ländlichen Gebieten. Dennoch gibt es Möglichkeiten, um Geld zu sparen und einen minimalistischen Lebensstil zu führen, auch in der Stadt. Hier sind einige Tipps, wie Sie ein frugales Leben in der Stadt führen können:

1. Wohnungssuche: Die Wohnungsmiete ist in städtischen Gebieten oft sehr hoch. Um Geld zu sparen, können Sie eine kleinere Wohnung suchen oder in eine günstigere Gegend ziehen. Eine Alternative ist auch, ein Zimmer in einer Wohngemeinschaft zu mieten, um die Kosten für Miete, Versorgungs- und andere Kosten zu teilen.

2. Transport: In der Stadt können die Kosten für Transportmittel sehr hoch sein. Eine Möglichkeit, Geld zu sparen, ist der Umstieg auf den öffentlichen Nahverkehr, Fahrrad oder zu Fuß zu gehen. So sparen Sie Geld für Benzin, Versicherung und Wartungskosten für ein Auto.

3. Einkaufen: Stadtbewohner können oft höhere Preise für Lebensmittel zahlen, da sie in der Regel keine großen Supermärkte in der Nähe haben. Eine Möglichkeit, Geld zu sparen, ist, in größeren Mengen einzukaufen und Produkte von lokalen Märkten und Bauernhöfen zu kaufen. Dies kann auch die Qualität der Lebensmittel verbessern.

4. Essen gehen: Essen gehen kann in der Stadt sehr teuer sein. Wenn Sie Geld sparen möchten,

können Sie zu Hause kochen und Mahlzeiten vorbereiten, die Sie zur Arbeit oder Schule mitnehmen können. Alternativ können Sie sich für Mittagsangebote in Restaurants oder für Gutscheine entscheiden.

5. Unterhaltung: In der Stadt gibt es viele Unterhaltungsmöglichkeiten, aber diese können oft teuer sein. Um Geld zu sparen, können Sie nach kostenlosen oder günstigen Aktivitäten suchen, wie zum Beispiel öffentliche Parks, Museen mit freiem Eintritt oder kostenlose Konzerte.

6. Möbel und Dekoration: In der Stadt können die Kosten für Möbel und Dekoration oft höher sein als auf dem Land. Eine Möglichkeit, Geld zu sparen, ist, Second-Hand-Läden zu besuchen oder gebrauchte Möbel online zu kaufen.

7. Elektronik: In der Stadt kann der Zugang zu neuer Elektronik teuer sein. Eine Möglichkeit, Geld zu sparen, ist, gebrauchte Elektronik zu kaufen oder ältere Modelle zu wählen. Sie können auch alternative Dienste wie Open-Source-Software oder kostenlose Online-Tools nutzen.

8. Teilen: Teilen Sie Ressourcen mit anderen, um Geld zu sparen. Das Teilen von Fahrten, Werkzeugen oder Gegenständen kann Kosten reduzieren und auch eine nachhaltige Lebensweise fördern.

Insgesamt kann ein frugales Leben in der Stadt eine Herausforderung sein, aber es gibt viele Möglichkeiten, um Geld zu sparen und einen minimalistischen Lebensstil zu führen. Mit ein wenig Kreativität und Planung können Sie ein erfülltes Leben führen, das Ihren Bedürfnissen entspricht, ohne dabei ein Vermögen auszugeben.

Wie man ein frugales Leben auf dem Land führt

Ein frugales Leben auf dem Land kann eine lohnende Erfahrung sein, da das Leben auf dem Land oft weniger kostspielig ist als in städtischen Gebieten. Es gibt viele Möglichkeiten, Geld zu sparen und einen minimalistischen Lebensstil zu führen, auch wenn Sie auf dem Land leben. Hier sind einige Tipps, wie Sie ein frugales Leben auf dem Land führen können:

1. Wohnen: Wohnen auf dem Land kann oft günstiger sein als in der Stadt. Sie können in eine kleinere Wohnung oder ein Haus ziehen, um Kosten zu sparen. Wenn Sie ein Haus besitzen, können Sie in Betracht ziehen, Räume zu vermieten oder Teile des Hauses für Airbnb zu nutzen, um zusätzliches Einkommen zu erzielen.

2. Transport: Wenn Sie auf dem Land leben, müssen Sie möglicherweise weiter reisen, um zur Arbeit oder zum Einkaufen zu gelangen. Um Geld zu sparen, können Sie das Fahrrad, öffentliche Verkehrsmittel oder Carsharing-Dienste nutzen, anstatt ein eigenes Auto zu besitzen.

3. Lebensmittel: Lebensmittel können auf dem Land oft günstiger sein als in der Stadt, da Sie möglicherweise Zugang zu lokalen Bauernhöfen oder Märkten haben. Sie können auch Gemüse in Ihrem eigenen Garten anbauen oder in einer Gemeinschaftsgärtnerei arbeiten, um Geld zu sparen und gesündere Lebensmittel zu essen.

4. Essen gehen: Wenn Sie auf dem Land leben, können Sie auch Essen gehen, um Geld zu sparen.

Sie können zu Hause kochen und Mahlzeiten vorbereiten, die Sie zur Arbeit oder Schule mitnehmen können. Sie können auch lokale Restaurants ausprobieren, die in der Regel günstiger sind als in der Stadt.

5. Unterhaltung: Auf dem Land gibt es viele kostenlose oder günstige Unterhaltungsmöglichkeiten, wie zum Beispiel Wandern, Radfahren oder Picknicken. Sie können auch lokale Feste oder Veranstaltungen besuchen, um Geld zu sparen und die Kultur der Region kennenzulernen.

6. Möbel und Dekoration: Auf dem Land können Sie oft günstigere Möbel und Dekoration finden als in der Stadt. Sie können Second-Hand-Läden besuchen oder online nach gebrauchten Möbeln suchen. Sie können auch selbst Hand anlegen und Ihre eigenen Möbel oder Dekorationen herstellen.

7. Elektronik: Auf dem Land kann es schwieriger sein, Zugang zu neuen Elektronikgeräten zu haben. Sie können jedoch ältere Modelle wählen oder gebrauchte Elektronikgeräte kaufen, um Geld zu sparen. Sie können auch alternative Dienste nutzen, wie zum Beispiel kostenlose Online-Tools oder Open-Source-Software.

8. Teilen: Teilen Sie Ressourcen mit anderen, um Geld zu sparen. Sie können Ihre Werkzeuge, Gartengeräte oder Autos mit Nachbarn oder Freunden teilen, um Kosten zu reduzieren.

9. Energie: Auf dem Land können Sie die Natur nutzen, um Energie zu sparen. Sie können Solarenergie nutzen, um Ihr Haus zu beheizen oder zu kühlen. Sie können auch Ihre eigenen

Lebensmittel trocknen, um Energie zu sparen und gesunde Snacks herzustellen.

10. Wasser: Wasser kann auf dem Land oft knapp sein, daher sollten Sie es sparsam nutzen. Sie können Regenwasser sammeln, um Pflanzen zu gießen oder das Wasser aus dem Haus nutzen, um Ihre Toilette zu spülen.

11. Recycling: Recycling ist eine wichtige Möglichkeit, um Müll zu reduzieren und Geld zu sparen. Sie können Papier, Plastik und Glas recyceln und auch organische Abfälle kompostieren, um einen natürlichen Dünger für Ihren Garten herzustellen.

12. Freunde und Nachbarn: Freunde und Nachbarn können eine wertvolle Ressource sein, wenn es darum geht, Geld zu sparen und Ressourcen zu teilen. Sie können ein Netzwerk von Freunden und Nachbarn aufbauen, um Ressourcen zu teilen, wie zum Beispiel Werkzeuge, Gartengeräte oder Transportmittel.

13. Gemeinschaftsaktivitäten: Auf dem Land gibt es oft Gemeinschaftsaktivitäten, wie zum Beispiel Volksfeste, lokale Theateraufführungen oder Konzerte. Diese Aktivitäten können oft günstiger sein als in der Stadt und bieten eine großartige Möglichkeit, die Gemeinschaft kennenzulernen und sich zu engagieren.

14. Bildung: Bildung ist ein wichtiger Teil des frugalen Lebens auf dem Land. Sie können lokale Workshops und Kurse besuchen, um neue Fähigkeiten zu erlernen und sich weiterzubilden. Sie können auch lokale Bibliotheken oder online-Ressourcen nutzen, um neue Dinge zu lernen und Ihr Wissen zu erweitern.

Insgesamt gibt es viele Möglichkeiten, wie Sie ein frugales Leben auf dem Land führen können. Indem Sie Ihre Ressourcen teilen, nachhaltige Methoden anwenden und auf Ihre Ausgaben achten, können Sie ein erfülltes Leben führen, das Ihren Bedürfnissen entspricht. Mit ein wenig Planung und Kreativität können Sie Ihre Finanzen verbessern und gleichzeitig die Schönheit und Ruhe des Landlebens genießen.

Wie man mit einem frugalen Leben ein erfüllendes Hobby pflegen kann

Hobbys sind ein wichtiger Bestandteil unseres Lebens. Sie bieten uns nicht nur eine Möglichkeit zur Entspannung und Erholung, sondern auch eine Chance, neue Fähigkeiten zu erlernen und uns persönlich weiterzuentwickeln. Wenn Sie ein frugales Leben führen, bedeutet dies nicht, dass Sie auf Hobbys verzichten müssen. Im Gegenteil, es gibt viele Möglichkeiten, wie Sie Ihre Hobbys auf eine erschwingliche Weise genießen können. In diesem Kapitel werden wir besprechen, wie Sie mit einem frugalen Leben ein erfüllendes Hobby pflegen können.

1. Kreatives Recycling: Viele Hobbys, wie zum Beispiel Nähen, Stricken oder Basteln, erfordern Materialien. Sie können diese Materialien auf kreative Weise recyceln, um Geld zu sparen. Zum Beispiel können Sie alte Kleidungsstücke in neue Designs verwandeln oder ungenutzte Gegenstände in Kunstwerke umwandeln.

2. Second-Hand-Einkauf: Viele Hobbys, wie zum Beispiel Lesen oder Sammeln, erfordern Materialien oder Ausrüstung. Sie können diese Dinge oft zu günstigen Preisen in Second-Hand-Läden oder online finden. Sie können auch mit Freunden und Familie tauschen oder teilen, um Kosten zu sparen.

3. Freie Ressourcen nutzen: Wenn Ihr Hobby Naturmaterialien erfordert, wie zum Beispiel Holz oder Steine, können Sie diese oft kostenlos in der Natur finden. Sie können auch kostenlose online-

Ressourcen nutzen, wie zum Beispiel Anleitungen oder Videos, um neue Fähigkeiten zu erlernen.

4. Lokale Workshops und Kurse: Viele Gemeinden bieten lokale Workshops und Kurse an, die oft zu erschwinglichen Preisen angeboten werden. Diese können eine großartige Möglichkeit sein, um neue Fähigkeiten zu erlernen und sich mit Gleichgesinnten zu vernetzen.

5. Selbstgemachte Geschenke: Wenn Ihr Hobby Geschenke beinhaltet, können Sie diese oft zu Hause herstellen, anstatt sie zu kaufen. Selbstgemachte Geschenke sind oft persönlicher und können auch Geld sparen.

6. Digitale Ressourcen nutzen: Wenn Ihr Hobby digital ist, wie zum Beispiel Fotografie oder Musik, gibt es viele kostenlose online-Ressourcen, die Sie nutzen können. Sie können auch Open-Source-Software nutzen, um Ihre kreativen Projekte zu erstellen.

7. Gemeinschaftliche Projekte: Wenn Ihr Hobby eine Gruppenaktivität ist, können Sie sich mit Freunden und Familie zusammenschließen, um Kosten zu teilen und Ressourcen zu nutzen. Zum Beispiel können Sie eine gemeinsame Werkstatt einrichten, um gemeinsam an Projekten zu arbeiten.

Insgesamt gibt es viele Möglichkeiten, wie Sie mit einem frugalen Leben ein erfüllendes Hobby pflegen können. Indem Sie kreative Recycling-Methoden anwenden, lokale Ressourcen nutzen und Ihre Ausgaben im Auge behalten, können Sie Ihr Hobby genießen, ohne dabei Ihr Budget zu sprengen. Mit ein wenig Planung und Kreativität können Sie Ihre Hobbys auf eine erschwingliche und erfüllende Weise genießen.

Wie man frugale Gewohnheiten in sein Leben integriert

Frugalismus ist eine Lebenseinstellung, die darauf abzielt, Geld zu sparen und gleichzeitig ein erfülltes Leben zu führen. Die Umsetzung von frugalen Gewohnheiten kann jedoch für viele Menschen eine Herausforderung darstellen, da es oft schwer ist, alte Gewohnheiten abzulegen und neue Verhaltensweisen zu etablieren. In diesem Kapitel werden wir besprechen, wie man frugale Gewohnheiten in sein Leben integrieren kann.

1. Setzen Sie Ziele: Bevor Sie frugale Gewohnheiten in Ihr Leben integrieren, ist es wichtig, dass Sie sich Ziele setzen. Überlegen Sie, was Sie erreichen möchten und was für Sie persönlich wichtig ist. Auf diese Weise können Sie gezielt auf Ihre Ziele hinarbeiten und wissen, welche Gewohnheiten für Sie am besten geeignet sind.

2. Erstellen Sie einen Plan: Sobald Sie Ihre Ziele festgelegt haben, ist es wichtig, einen Plan zu erstellen. Überlegen Sie, welche Gewohnheiten Sie ändern möchten und wie Sie dies erreichen können. Erstellen Sie einen konkreten Plan mit spezifischen Schritten, die Sie unternehmen werden, um Ihre Ziele zu erreichen.

3. Machen Sie kleine Schritte: Ändern Sie Ihre Gewohnheiten nicht über Nacht. Fangen Sie langsam an und machen Sie kleine Schritte, um sich an die neuen Verhaltensweisen zu gewöhnen. Zum Beispiel können Sie anfangen, Ihre Ausgaben aufzuzeichnen und eine Budgetierung

zu implementieren, anstatt sofort alle unnötigen Ausgaben zu eliminieren.

4. Reflektieren Sie regelmäßig: Nehmen Sie sich Zeit, um regelmäßig zu reflektieren, wie Sie vorankommen. Überlegen Sie, was gut funktioniert hat und was nicht, und passen Sie Ihren Plan entsprechend an.

5. Finden Sie Gleichgesinnte: Es kann hilfreich sein, sich mit anderen Frugalisten zu vernetzen und sich gegenseitig zu motivieren. Suchen Sie nach Gemeinschaften oder Gruppen, die ähnliche Ziele haben und tauschen Sie Ideen und Erfahrungen aus.

6. Machen Sie es zu einem Spiel: Machen Sie es zu einem Spiel, um frugale Gewohnheiten in Ihr Leben zu integrieren. Setzen Sie sich Ziele und belohnen Sie sich, wenn Sie sie erreicht haben. Zum Beispiel können Sie sich eine spezielle Belohnung gönnen, wenn Sie Ihr Sparziel erreicht haben.

7. Konzentrieren Sie sich auf die positiven Auswirkungen: Konzentrieren Sie sich auf die positiven Auswirkungen, die frugale Gewohnheiten auf Ihr Leben haben können. Sie werden mehr Geld sparen, um Ihre Ziele zu erreichen, und können ein erfüllteres Leben führen, indem Sie sich auf die Dinge konzentrieren, die für Sie wirklich wichtig sind.

Insgesamt erfordert die Integration frugaler Gewohnheiten in das Leben Zeit, Geduld und Planung. Indem Sie sich Ziele setzen, einen Plan erstellen, kleine Schritte machen und regelmäßig reflektieren, können Sie jedoch langsam aber sicher frugale Gewohnheiten in Ihr Leben integrieren. Mit der Zeit werden diese

Gewohnheiten zur zweiten Natur und können Ihnen helfen, ein finanziell stabileres und erfüllteres Leben zu führen.

Wie man ein frugales Leben langfristig aufrechterhalten kann

Ein frugales Leben ist eine Lebenseinstellung und eine Verhaltensweise, die man langfristig beibehalten kann. Die meisten Menschen beginnen mit dem frugalen Leben, um ihre finanzielle Freiheit zu erreichen oder um nachhaltiger zu leben. Es ist wichtig zu verstehen, dass frugales Leben nicht nur eine kurzfristige Veränderung im Lebensstil ist, sondern es geht um eine langfristige Einstellung zu Geld und Konsum.

Hier sind einige Tipps, wie man ein frugales Leben aufrechterhalten kann:

1. Legen Sie ein Budget fest und halten Sie es ein

Es ist wichtig, ein Budget zu erstellen, um Ihre Einnahmen und Ausgaben zu verwalten. Ein Budget hilft Ihnen zu sehen, wo Ihr Geld hingeht, und gibt Ihnen eine klare Vorstellung davon, wie viel Sie für verschiedene Ausgabenkategorien ausgeben können. Es ist wichtig, das Budget einzuhalten, um sicherzustellen, dass Sie Ihre finanziellen Ziele erreichen.

2. Seien Sie sich bewusst, wofür Sie Geld ausgeben

Sie sollten sich immer bewusst sein, wofür Sie Ihr Geld ausgeben und wie viel Sie ausgeben. Wenn Sie sich bewusst sind, wofür Sie Geld ausgeben, können Sie Entscheidungen treffen, um Ausgaben zu reduzieren oder zu vermeiden. Vermeiden Sie impulsives Einkaufen und nehmen Sie sich Zeit, um zu überlegen, ob ein Kauf notwendig ist.

3. Vermeiden Sie Schulden

Schulden können Ihre finanzielle Freiheit beeinträchtigen und es schwieriger machen, ein frugales Leben aufrechtzuerhalten. Es ist wichtig, Schulden zu vermeiden oder zu reduzieren und Schulden immer rechtzeitig zu bezahlen.

4. Kaufen Sie gebrauchte Artikel

Gebrauchte Artikel sind oft viel günstiger als neue Artikel. Sie können Second-Hand-Läden oder Online-Plattformen nutzen, um gebrauchte Artikel wie Kleidung, Möbel oder Elektronikgeräte zu kaufen. Sie können auch Freunde oder Familie fragen, ob sie gebrauchte Artikel haben, die sie nicht mehr benötigen.

5. Setzen Sie sich finanzielle Ziele

Es ist wichtig, sich finanzielle Ziele zu setzen und einen Plan zu haben, wie Sie diese erreichen können. Sie können zum Beispiel ein Ziel haben, eine bestimmte Menge an Geld zu sparen oder Schulden zu reduzieren. Wenn Sie ein Ziel haben, können Sie Maßnahmen ergreifen, um dieses Ziel zu erreichen.

6. Überdenken Sie Ihre Prioritäten

Es ist wichtig, Ihre Prioritäten zu überdenken und zu entscheiden, was für Sie wirklich wichtig ist. Wenn Sie ein frugales Leben führen, müssen Sie möglicherweise bestimmte Ausgaben reduzieren oder vermeiden. Es ist wichtig, zu entscheiden, was für Sie wirklich wichtig ist und welche Ausgaben für Sie akzeptabel sind.

7. Leben Sie nachhaltig

Ein frugales Leben geht oft Hand in Hand mit einer nachhaltigen Lebensweise. Sie können Maßnahmen ergreifen, um Energie und Wasser zu sparen, Müll zu reduzieren und umweltfreundliche Produkte zu verwenden. Eine nachhaltige Lebensweise kann auch helfen, Geld zu sparen.

Einige weitere Möglichkeiten, um ein frugales Leben auf lange Sicht aufrechtzuerhalten, umfassen:

1. Setzen Sie sich realistische Ziele: Frugales Leben erfordert oft Verzicht und Einschränkungen, aber es ist wichtig, realistische Ziele zu setzen, damit Sie nicht demotiviert werden. Überlegen Sie sich, welche Einsparungen und Veränderungen Sie wirklich umsetzen können und welche langfristigen Ziele Sie haben möchten.
2. Bleiben Sie motiviert: Es kann schwierig sein, diszipliniert und motiviert zu bleiben, insbesondere wenn die Belohnungen nicht sofort sichtbar sind. Eine Möglichkeit, dies zu tun, besteht darin, sich daran zu erinnern, warum Sie ein frugales Leben führen möchten, und sich auf die langfristigen Vorteile zu konzentrieren.
3. Überprüfen Sie Ihre Fortschritte regelmäßig: Es kann hilfreich sein, Ihre Ausgaben regelmäßig zu überprüfen, um sicherzustellen, dass Sie immer noch auf Kurs sind. Legen Sie ein Budget fest und halten Sie sich daran, und überwachen Sie Ihre

Einsparungen und Fortschritte in Richtung Ihrer Ziele.

4. Suchen Sie nach Unterstützung: Ein frugales Leben kann manchmal einsam sein, insbesondere wenn es bedeutet, sich von Freunden und Familie zu unterscheiden. Suchen Sie nach Unterstützung von Menschen, die Ihre Überzeugungen und Ziele teilen, und vernetzen Sie sich mit der Frugalismus-Community.

5. Lernen Sie, Ihren Bedürfnissen und Wünschen zu entsprechen: Frugales Leben bedeutet nicht, auf alles zu verzichten, was Sie mögen oder brauchen. Es geht darum, kluge Entscheidungen zu treffen und sich auf das zu konzentrieren, was wirklich wichtig ist. Lernen Sie, Ihre Bedürfnisse von Ihren Wünschen zu unterscheiden und suchen Sie nach Möglichkeiten, beides in Einklang zu bringen.

6. Suchen Sie nach neuen Wegen, um Geld zu sparen: Das Leben ist voller Möglichkeiten, Geld zu sparen, und es gibt immer neue Wege, um Ihre Ausgaben zu reduzieren und Ihr Budget zu optimieren. Seien Sie neugierig und offen für neue Ideen und Technologien, die Ihnen helfen können, frugal zu bleiben.

7. Feiern Sie Ihre Erfolge: Schließlich ist es wichtig, Ihre Erfolge zu feiern und sich selbst zu belohnen, wenn Sie Ihre Ziele erreichen oder einen Meilenstein erreichen. Belohnen Sie sich auf kluge Weise, die zu Ihrem frugalen Lebensstil passt, und nutzen Sie diese Erfolgserlebnisse als Ansporn, um weiterzumachen.

Schlusswort

Im Verlauf dieses Buches haben Sie sich mit verschiedenen Aspekten des Frugalismus auseinandergesetzt, angefangen von den Grundlagen über die Unterschiede zum Minimalismus, den Zusammenhang zwischen Finanzen und Glück, bis hin zu konkreten Tipps und Strategien für ein frugales Leben. Sie haben gelernt, wie man mit einem minimalistischen und frugalen Lebensstil Geld sparen, Zeit gewinnen, Umweltbewusstsein entwickeln und ein erfülltes Leben führen kann.

Frugalismus ist jedoch kein Allheilmittel für alle finanziellen Probleme und persönlichen Herausforderungen. Es ist wichtig zu betonen, dass es keine einheitliche Definition von Frugalismus gibt und dass es für jeden Menschen individuelle Umstände gibt, die berücksichtigt werden müssen. Während ein frugales Leben für einige Menschen eine erfüllende und befriedigende Erfahrung sein kann, kann es für andere eine Belastung oder Einschränkung bedeuten.

Dennoch gibt es viele Vorteile eines frugalen Lebensstils, insbesondere in Bezug auf finanzielle Freiheit, Umweltbewusstsein und eine sinnvolle Verbindung zu den eigenen Bedürfnissen und Werten. Durch die Implementierung von frugalen Gewohnheiten und Strategien können Sie Ihre Finanzen besser verwalten, Stress reduzieren und Zeit für die Dinge finden, die wirklich wichtig sind.

Wir hoffen, dass dieses Buch Ihnen dabei geholfen hat, ein besseres Verständnis für Frugalismus zu entwickeln und Ihnen nützliche Werkzeuge und Strategien für ein frugales Leben an die Hand zu geben. Denken Sie daran, dass ein frugales Leben keine Einschränkung bedeutet, sondern eine bewusste Entscheidung, die Ihnen helfen kann, Ihre finanziellen Ziele zu erreichen und ein erfüllteres Leben zu führen.

Vielen Dank, dass Sie dieses Buch über Frugalismus für Fortgeschrittene gelesen haben! Wir hoffen, dass es Ihnen dabei geholfen hat, ein besseres Verständnis für Frugalismus zu entwickeln und nützliche Werkzeuge und Strategien für ein frugales Leben zu erlernen.

Ihre Meinung ist uns sehr wichtig, deshalb möchten wir Sie bitten, eine Bewertung zu hinterlassen, falls Ihnen das Buch gefallen hat. Wir würden uns freuen, wenn Sie uns mit einer positiven Bewertung unterstützen könnten, um anderen Lesern zu helfen, dieses Buch zu entdecken und davon zu profitieren.

Nochmals vielen Dank für Ihr Interesse an diesem Buch und wir wünschen Ihnen alles Gute auf Ihrem Weg zu einem frugaleren und erfüllteren Leben!

Karl Schmitz und Team

www.ingramcontent.com/pod-product-compliance
Lightning Source LLC
Chambersburg PA
CBHW070610220526
45467CB00003B/1369